AF441777

Dra. Abigail Jean

LE GANÉ A LA POBREZA

Ser Pobre No Es Un Factor Limitante

2da. Edición
Ampliada, corregida y mejorada

Santo Domingo,
República Dominicana
2020

"Le Gané a la Pobreza"
Ser Pobre No Es Un Factor Limitante

2da. Edición
Ampliada, corregida y mejorada

Autora:
Dra. Abigail Jean
E-mail: 100205286aj@gmail.com
Facebook: Dra. Abigail Jean
Instagram: Dra. Abigail Jean

ISBN: 978-9-945-80747-9

Edición y Corrección de Estilo:
Bernaliza Rodríguez, Dra. Abigail Jean

Diagramación y Diseño de Portada:
Julissa Javier
julissa.javier@gmai.com

Impresión:
Editora Manatí
editoramanati@gmail.com

Impreso en República Dominicana
Printed in Dominican Republic

ÍNDICE

DEDICATORIA

Este libro está dedicado en primer lugar a Dios, creador del cielo y de la tierra, por ser quien me brindó las fuerzas desde siempre, proveedor de todo lo que yo he adquirido para ser realidad todos los sueños que hasta ahora he logrado, guiando mi cerebro y mi espíritu en cada etapa de mi vida tanto emocional, intelectual como profesional.

A mis Padres. A mis 4 hermanos. A mi Alma Máter Universidad Autónoma de Santo Domingo (UASD), la cual junto a los estudiantes desde el primer semestre de la carrera hasta el último, han sido una gran influencia en mi superación personal tanto directo como indirectamente.

A todos los niños maltratados por sus familias que no tienen personalidad porque sus mismas familias se encargaron de destruírselas.

Y finalmente a todos los amantes de la lectura; pero en especial a los jóvenes de bajos recursos quienes me motivaron a escribir este libro; porque lo escribí pensando en ustedes. Es para ustedes, jóvenes de bajo recurso como lo fui, que están llenos de sueños y que no se han parado a luchar por ellos y prefieren estar haciendo cosas indignas olvidándose de sus valores.

Quiero que lean este libro, no para vanagloriarme sino para que vean que ustedes también pueden ser lo que quieren ser con tan solo correr detrás de ellos.

AGRADECIMIENTO

Abigail Jean: Aunque suene extraño, debo darme mérito a mí en ésta ocasión. Fueron muchas noches amargas y de escasez las que viví, en busca de un sueño. Y pude sorprenderme de la gran mujer que había en mí, esa que se escondía en una empleada doméstica, y hoy, con mucho orgullo puedo llamarme una profesional.

Polette Joseph: mi madre biológica, a la que le debo la mayoría de mis esfuerzos. Quién por su forma de ser conmigo, me hizo ser una mujer fuerte por dentro. Gracias a eso tuve tanta resistencia para llegar hasta aquí.

Roger Lacossierre: mi padre por haberme engendrado.

Margarita Jean Clava: mi madre adoptiva por llenarme de fe. Le agradezco por ayudarme a salir hacia adelante; de lo contrario, sin su ayuda, no hubiese podido tener trabajo y los ingresos necesarios para pagar mis estudios desde el bachillerato hasta culminar mi carrera en la universidad; y tras eso, ser hoy día, una Doctora, es gracias a usted.

Lic. Ildebrando Montaño Herrera: director del Instituto de Los Ángeles Institute de Los Alcarrizos, quien hizo las diligencias para que yo encontrara una beca de estudios en el Ministerio de Educación Superior, Ciencia y Tecnología.

Enmanuel Sainvil: por ayudarme a emprender mis dos negocios en aquel entonces, de fabricación y venta de productos de limpieza para el hogar; y como prestamista.

Ángelo Rocchi: sin tu intervención en mi vida, no hubiese tenido alojamiento cerca de la universidad cuando ya no tenía más recursos para pagar mi vivienda, ni siquiera para poder transportarme.

Charles Fernández: por haber sido una piedra angular en la realización de mi sueño.

A mis hermanos: Analdo Valenzuela Alcántara, María Altagracia Valenzuela Alcántara, Rudeline López Joseph y Jimmy Blais Joseph; ustedes son parte esencial para que mis anhelos y deseos se cumplieran.

A mis tíos: Solange Joseph, que hoy tristemente no está con nosotros; Simone Joseph y Michel Jeudi, quienes desde que era una niña, me brindaron apoyo y sustento.

A mis primos: Ricardo Marte Joseph, Judeline Marte Joseph y Memene Joseph los cuales, son como hermanos para mí.

A mis colegas: Dr. Yvenson Jean y Dra. Priscilla Lora Figueroa, por sus grandes ayudas y apoyos; sin necesidad de ofrecerles algo a cambio. A la Dra. Jasmine Nazaire y mi amigo Fabián Martínez por sus soportes cuando yo más los necesité.

PRÓLOGO

A cualquier individuo podría tomarle segundos el tener algún tipo de contacto con alguien, minutos para familiarizarse, horas para determinar si es de su empatía en totalidad, y siendo así, esta podría hacer lazos inquebrantables.

Conocí a la Dra. Abigail Jean de una manera particular. Ella estaba buscando una persona con quién estudiar el USMLE (United States Medical Licensing Examination). Para los que no saben lo que es, se trata de una serie de exámenes mandatorios que todo médico que desea hacer una especialidad o trabajar en Estados Unidos debe tomar. En su búsqueda, encuentra mi nombre en las redes y ella, de forma proactiva, me manda una solicitud de amistad. De mi parte, después de haber revisado su perfil cautelosamente, decidí ser su amigo virtual. No nos tomó mucho tiempo para empezar a interactuar y relacionarnos, ya que, nos unía la gran pasión y dedicación a esta ciencia. De ahí entonces, nos conocimos personalmente e hicimos lazos inquebrantables de una amistad genuina.

Es una joven curiosa, dedicada, inteligente; amigable, humilde, entregada al servicio. Si tuviera que seguir citando más adjetivos calificativos rebosaría estos breves párrafos, por dicha razón, pienso que su libro sería el medio ideal, en cuanto a páginas respecta, para poder citar y conocer la perseverancia incansable de una persona dispuesta a alcanzar sus sueños. Debido a su gran esfuerzo de superación, a sabiendas de su procedencia, ella decidió escribir el libro titulado "Le Gané a la Pobreza." Cuando empecé a leer las primeras páginas, honestamente quedé muy intrigado debido a su historia que se encuentra plasmada. De una forma figurativa, ella explica la causa por la que muchas personas se encuentran estancadas en la condición que viven, y más si estas se inclinan a los bajos recursos económicos. Pero, su intención va más allá, provocando que el lector, no se incline a este tipo de escasez, sino, a cualquier otro que pudiese colocarse en nuestro camino. Así que, de forma sutil, ella busca condicionar nuestra forma de pensar, vivir y sentir; para hacernos entender que tener algún tipo de pobreza en nuestras vidas, no puede ser un factor que nos limite.

Esta y más, son unas de las razones por las que todo lector voraz se sentirá a gusto de leer esta obra, porque independientemente de sumergirnos en su historia, nos capacitará con los recursos necesarios para poder emprender y luchar con cualquier tipo de adversidad, siendo la pobreza, uno de los más influyentes a la hora de poder desarrollarnos en distintas áreas para poder emprender.

Amigos lectores: ¿Creen que ser pobre es un factor limitante? Descúbrelo al leer este ameno libro.

Dr. Enrique Blanco Joachim
Médico, autor de **"Un Guerrero de la Vida"**, orador
motivacional, profesor de idiomas y líder comunitario.
Ciudad Santiago, República Dominicana

INTRODUCCIÓN

"Le Gané a la Pobreza" aflora de la necesidad de una joven que se vio obligada a crear sus propios mecanismos para salir hacia adelante. Infortunio para muchos, impulso para ella, pues, al no tener los recursos necesarios para afrontar el día a día, mucho menos para cumplir sus sueños; no fue un motivo para detenerse, más bien, para ir por más, superar sus propios límites, de forma tal, que en honor a la constancia y la perseverancia pudo dedicarte este libro como referencia de superación.

El libro germina con una promesa que ella se incrustó en su interior, la cual planteaba, que si lograba cumplir sus sueños a pesar de tantas adversidades, siendo estas: pobreza extrema, una familia disfuncional, sensación de abandono, soledad, maltratos, entre otras tantas...Iba a escribir un libro con la intención de llegar a todos esos, que han pasado por una situación similar, viviendo con los factores que contribuyen a la pobreza.

Estas páginas, no solo relatan un testimonio, sino que, a la vez, abordan conceptos, los cuales te permitirán sobrellevar y salir de situaciones de crisis, mediante pautas, estrategias, consejos; que te ayudarán a no desistir. Enseña como suprimir los factores que contribuyen a la causa de la pobreza, como adaptarse a los cambios y no resistir a ellos; para que te puedan llevar hacia el camino del éxito. Insta a sacarle provecho a tu juventud, como si fuera un fondo de inversiones, porque es la riqueza más grande que posees; pero es efímera, por lo que tienes que saber cómo aprovecharla, de forma tal, que puedas considerar que el entusiasmo y el optimismo sean tus herramientas frente a las adversidades más complejas, junto a la constancia y la perseverancia, para que puedas ver esos proyectos como una realidad.

Desde la época donde se dieron a destacar los grandes filósofos, han sido innumerables las páginas donde han escrito sobre el éxito en la vida del ser humano. Y a la vez, distintos autores que hacen énfasis en la superación, señalando que hay factores determinantes para cumplir lo deseado; y este es mi deseo genuino de enseñarte. Para Napoleón Hill, autor de "Think and Grow Rich", el deseo ardiente de triunfar es lo fundamental para que una persona tenga éxito en la vida. Para Rhonda Byrne, autora de "Secret" la base del éxito está en lo que ponemos en nuestra mente, es decir: en nuestros pensamientos.

Ahora bien, en algún momento de nuestras vidas, nos topamos con un esquema de familia, donde los integrantes juegan roles muy distintos, haciéndose tan notorios, que se puede observar que miembros de la misma logran cumplir sus metas, mientras otros no, ¿por qué puede suceder eso?, ¿cuáles son las variables? Hay muchas condiciones que son imprescindibles para una persona alcanzar el éxito. El éxito está hecho de una exquisita combinación de ingredientes que solo el que lo ha alcanzado conoce el secreto. La pobreza creó trampas, que pueden limitar a muchos seres humanos, al momento de ir por sus sueños. Por esta causa, a lo largo del libro usaré ejemplos que te ayudarán a suprimir esos factores, para convertirlo en oportunidades.

CAPÍTULO I

¿QUÉ ES LA POBREZA?

Como punto de partida, es necesario poder tener en cuenta algunos conceptos, los cuales te permitirán entender en sí, como sobrellevar las condiciones en las que nacemos, y prevenir que se conviertan en factores contribuyentes a pobreza; proporcionarte ciertas estrategias que te puedan permitir vivir el día independientemente de cualquier factor que aparente ser un limitante para tu desarrollo personal y profesional en la sociedad.

En base a conceptos: la pobreza es considerada como escasez o carencia de lo necesario para vivir. El adjetivo es "pobre". Hace referencia a las personas que no tienen lo necesario para abastecerse, que son humildes, pero no en base a valores o que no tienen la dicha de tener algún tipo de fortuna, aunque teniendo en cuenta, que esta, puede inclinarse a distintos ámbitos. Referente a los bajos recursos, se forma un estilo de vida, que surge como producto de la imposibilidad de los accesos para satisfacer las necesidades básicas de las familias, provocando la incidencia de privación del nivel y calidad de vida digna; tales beneficios podrían considerarse como: el derecho a tener provisiones para alimentarse, a una vivienda, a la educación y el acceso de agua potable.

Ahora bien, tras esto, que mejor manera que iniciar, con esta pregunta, ¿qué entiendes por factor, teniendo en cuenta que este no es una causa?

Teniendo comprendido, que un factor puede ser algo que contribuye al origen o causa de un problema, se diferencia de una causa. La palabra factor, es un sustantivo masculino, que se derivó de igual término latino, integrado por "fact" a su vez derivado de "factum" en el sentido de "hecho", más el sufijo de agente "tor". De esta manera, los factores son los distintos aspectos que intervienen, determinan o influyen para que una cosa sea de un modo concreto. Por ejemplo: en el campo de las matemáticas, se conoce como factor cada una de las cantidades o expresiones que pueden multiplicarse para formar un producto. También se denomina factor al submúltiplo. En nivel general: un factor es un elemento o algo que contribuye a una causa; "el tabaquismo es un factor de riesgo para el desarrollo de enfermedades coronarias y/o enfermedades de las vías respiratorias".

El término factor se puede contextualizar en distintos ámbitos; ya que, se trata de un fenómeno multidimensional que se encuentra íntimamente relegada a un sinfín de variables internas y externas. Entre los factores internos podemos mencionar la capacidad de aprendizaje, de percepción y de motivación por parte del ser humano, mientras que los factores externos se encuentran relacionados con ciertas cuestiones que hacen las características fundamentales del ser humano, como las distintas recompensas y castigos para motivar al ser humano y los factores sociales que en este influyen.

Podemos encontrar factores en diferentes situaciones de nuestras vidas, pero mi intención aquí es poder hacer hincapié, en aquel factor que aborda la pobreza (como pobreza social). Desglosando el mismo, se puede encontrar a continuación la: ignorancia, enfermedad, apatía, corrupción y dependencia. Estos deben de verse simplemente como condicionantes.

No pretendo realizar algún juicio moral. No son buenos ni malos, simplemente son. Pero, sí comprendo que su duración termina siendo una decisión de un grupo de personas, en una comunidad o sociedad. Para suprimir o reducir la pobreza, tendrá que observarse e identificar estos factores y emprender a realizar las acciones necesarias para su afrontamiento.

En todo el mundo la pobreza extrema se da en áreas donde la mala salud y la falta de educación impiden que la gente tenga empleos productivos, donde los recursos del medio ambiente han sido diezmados o estropeados.

Analizaremos estos factores a continuación:

Ignorancia:

El término ignorancia proviene (del latín ignorantía), haciendo referencia a la falta de conocimientos los cuales pueden ser clasificados de distintas formas. Este concepto es distinto a la falta de inteligencia. Quien ignora algo en pocas palabras, es a causa de que no lo conoce. Y para remedio de la misma, esto solo se enfrenta con educación.

Enfermedad:

La enfermedad es esa perturbación que puede deteriorar, o más bien afectar diferentes ámbitos de nuestras vidas. Muchas veces podemos estar enfermos sin darnos cuenta y esta enfermedad, no necesariamente tiene que ver con nuestro funcionamiento fisiológico, biológico o bioquímico, sino, que podemos estar enfermos, al carecer de bienestar social, emocional, etc. Poseer bienestar no solo ayuda a los individuos que están sanos, sino que contribuye a la propiciación de bienestar al tratar erradicar la pobreza de una comunidad.

Cada vez que los padres maltratan a sus hijos, privándoles su libertad de jugar con otros niños, diciéndoles palabras que les bajan la autoestima; están produciéndoles una carencia de bienestar social y emocional que luego pueden ser un gran factor de exclusión social y probable vía para desarrollo de depresión.

Y esta, se puede mejorar, cuando tenemos los recursos necesarios con base en conocimientos para adaptar un comportamiento preventivo; para hacer incluso, que se reduzca la falta de higiene del entorno, los cuidados necesarios para evitar enfermedades. Brindándoles cariño a los hijos y apoyándolos en cada etapa de sus vidas. Recuerde, nos preocupan los factores, no las causas. Conocer solamente las causas no conseguirá suprimir la enfermedad. Conocer, atacar y sobrellevar los factores, si podría ayudar a la reducción de la misma.

Apatía:

La apatía suele aparecer cuando se pierde el interés absoluto, y este se aproxima con impotencia al simple hecho de intentar o pensar en cambiar ciertas situaciones; donde por nuestro bienestar, mejoraría con intentar trabajar en las condiciones.

A veces la apatía se justifica con preceptos religiosos, aceptando las condiciones en las que te encuentras, porque Dios ha decidido tu destino. Este fatalismo puede ser utilizado como excusa. Está bien creer en que este poder superior decide nuestro camino, ya que, todo lo que ÉL tiene para nuestras vidas, es para bien. Pero hay una línea muy fina entre el conformismo y su voluntad.

"A Dios rogando y con el mazo dando", es un proverbio que demuestra que estamos en sus manos, pero también, tenemos la responsabilidad de ayudarnos a nosotros mismos.

Dependencia:

La dependencia es el resultado de ser el extremo receptor de la caridad. A corto plazo, como tras un desastre, la caridad puede ser esencial para la supervivencia. De larga duración esta caridad puede contribuir a la posible desaparición del receptor, y ciertamente a la continuación de su miseria.

Corrupción:

Cuando los recursos destinados a servicios y prestaciones comunitarias se desvían al bolsillo privado de alguien que está en una situación de poder; poniéndose en juego más que la moral. En estas series de adiestramiento, no hacemos juicios de valor sobre lo que está bien o mal, lo que pretendo es insistir en que este es uno de los factores más imponentes en la pobreza.

Yo vencí cada uno de esos factores, uno por uno. Tú también puedes. Con educación adquiero conocimiento para vencer a la ignorancia. Recibí dolor, daños entre otros, decidí dar lo contrario, haciendo que nazca amor en mi corazón, obtengo bienestar emocional. Actitud mental positiva para vencer la apatía. Trabajo siempre. Y aprendo a ser lo más justa posible. Haciendo así, todos podremos decir que le ganamos a la pobreza.

I.1 Historia:

La pobreza a escala mundial tiene muchas causas históricas: el colonialismo, la esclavitud, la guerra y las invasiones. Existe una gran diferencia entre estas causas y lo que llamamos los factores que mantienen las condiciones de pobreza. Esta discrepancia reside en lo que podemos hacer hoy con respecto a estos. No podemos hacer volver atrás la historia y cambiar el pasado. La pobreza existe y tiene diferentes causas e inclinaciones. Sobre lo que potencialmente podemos actuar son los factores que la perpetúan.[1]

I.2 Clasificación de la Pobreza:

La pobreza puede ser clasificada de diversas formas según los factores que la causan y los sujetos afectados, basándonos en eso, se desglosan en diferentes formas:

Individual: este tipo de pobreza se caracteriza porque solo afecta a una persona en particular o a una familia. Se encuentran en una situación donde resulta imposible acceder a las necesidades básicas. Dicha dificultad se debe a alguna limitación mental o física.

Colectiva: no se limita a una persona o su familia sino, que, a toda una comunidad o una cantidad impor-

---

1 Autores: Julián Pérez Porto y Ana Gardey. Publicado: 2009. Actualizado: 2009. Definición de: Definición (https://definicion de/pobreza/)

tante de individuos dentro de un mismo entorno. Presentando así distintos inconvenientes para acceder a las necesidades básicas, producto a los bajos recursos; y esta escasez de recursos agrava la situación. En efecto, las tasas de mortalidad ascienden, ya que, estos individuos no poseen la capacidad de recibir una buena alimentación, yendo de caída, su calidad de vida.

Cíclica: alcanza grandes porciones de una comunidad, pero de manera pasajera. Estas dificultades se deben muchas veces a catástrofes naturales o a una mala planificación en el ámbito de la agricultura.[2]

La pobreza también puede ser clasificada según las carencias:

a) **Absolutas:** esta clase de pobreza abarca todos los ámbitos de los seres humanos, limitándolos de todos los recursos necesarios para poder subsistir.

b) **Relativas:** este concepto suele declinarse a las perspectivas de los individuos y puede ser distorsionado o más bien, enfocado a los criterios de un lugar, sector, comunidad e incluso país.

c) **En educación:** a estas personas les resulta imposible acceder a niveles de enseñanza, sean estos primarios, secundarios o superiores, generando aún más dificultades para introducirse en el mercado laboral.

d) **En servicios:** Carecen de la posibilidad de acceder a prestaciones básicas, tales como: luz, agua, redes cloacales, etc. Esto puede ser por dos motivos, en

---

2 Autores: Julián Pérez Porto y Ana Gardey. Publicado: 2009. Actualizado: 2009. Definición de: Definición (https://definicion de/pobreza/)

primer lugar, por la imposibilidad de costearlo y en segunda instancia por que habitan en zonas alejadas de los centros urbanos y en dichos lugares es inaccesible el acceso a estos servicios.

e) **En salud:** mediante la imposibilidad de los accesos a los servicios y a la vez a los conocimientos para tener un cuidado práctico, propicia algunas consecuencias en la salud, provocando enfermedades que en muchas ocasiones los individuos se ven obligados a recurrir a centros públicos; donde muchas veces no se dispone de los medicamentos y el material gastable, lo que resulta más complicado el proceso de recuperación.

f) **Pobreza Mental:** todos los individuos en muchas ocasiones de nuestras vidas nos enfrentamos a la pobreza mental, que más que pobreza sería etiquetada como fragilidad; donde el abordaje en nuestras mentes, de cientos de "no puedo", "no es posible", "no lo lograré". Estos pensamientos, nos impiden crecer, avanzar y a la vez nos hace acomodar por resignación a las situaciones que estamos pasando, sin darnos la oportunidad mentalmente de crecer, confiar, perseverar y luchar por nuestros objetivos. Este sí es un gran factor determinante, y estoy más que segura que por sí solo nos puede limitar; pero estas leyendo el libro ideal para romper este tipo de pobreza.

g) **Pobreza Moderada:** La pobreza moderada, también conocida como: "clase mediana pobre". Esta es aquella que transcurre en la falta de muchos recursos para vivir de una manera que no haga falta nada. Sin embargo, un individuo moderadamente pobre cuenta al menos con lo necesario para cubrir sus necesidades, como, por ejemplo: acceso a un techo, comida, ropa, educación y derecho a la salud. Estos individuos muchas veces están empleados en lugares en donde reciben un sueldo mínimo y al menos pueden sostenerse con lo necesario.

CAPÍTULO II

VIVENCIAS INOLVIDABLES EN LUGARES INOLVIDABLES

Nada mejor que la experiencia, de poder expresar todo, desde lo más genuino de mi corazón, esos momentos contundentes que provocaron un antes y después en mi vida. Por eso, escribir todas estas líneas, no es con la intención de que se queden en un libro acumulado de polvo, sino, más bien, poder mostrarte, como tuve que luchar para ir en busca de un sueño, por encima de infinitos factores, pero estos, para mí, no lograron ser limitantes.

Haití, nunca olvidaré ese país que me vio crecer. Un pueblo lleno de gente noble, rico de una naturaleza admirable, de grandes montañas, donde nacen unos tiernos ríos que drenan hacia las cuencas que a medida que crecen se hacen más grandes; mientras las colinas rodean las casas, llenan de halago las aguas cristalinas pintando con mucha belleza todo el lugar. Donde el sol se levanta, donde la luna se acuesta, donde sientes, que ahí, termina y empieza todo; incluso, a ser vista en los ojos de los demás como esa niña humilde y aplicada, contando a la vez, con el amor de mucha gente.

Antes todas esas cosas lindas que me arropaban y todas esas carencias, pude sentirme que pertenecía a alguien "a mi pueblo, pero más a mí misma". Aunque en el fondo de mi corazón, anhelaba tener unos brazos de amor, que me recibieran al llegar a casa. "(Me daba mucha nostalgia y tristeza ver a mis compañeros, ser recibidos con tanto cariño; anhelaba el afecto de los míos en mi hogar)". Solía sentirme muy menospreciada, incluso, ameritaba este juicio como válido, que lo veía así, refutándolo con esas opiniones que desde niña llegaron a mis oídos, las cuales constantemente decían que no fui planeada o buscada dentro de un vínculo lleno de amor. Mi infancia con mi madre biológica sin padre fue traumática: con maltratos físicos indescriptibles.

Estudié en un colegio católico, llamado Saint Michel, el cual, a pesar de no tener un acta de nacimiento, me recibió, y yo al saber que tenía tantas desventajas por mi entorno, siempre traté de dar lo mejor de mí. Trataba siempre de destacarme en todas las materias, me retaba, incluso, cuando tuve un compañero de forma pasajera. Por así decirlo, era mi competencia, pero no me limitaba. Fui expulsada varias veces del colegio, pero por la consideración de mis profesores a mis méritos académicos, entendían que yo no merecía ese trato. Mis profesores le rogaban al director del colegio para que al menos me permitiera terminar mis estudios primarios con éxito.

No me importaba la distancia, y eso, que usualmente para tener el acceso a la escuela u otro lugar de importancia, sin dudarlo, tenía que recorrer alrededor de trece kilómetros. Entre lo desértico y lejano que era, incluso de una vivienda a otra, no había algo más pleno que apreciar la belleza de la naturaleza, era eso, que se encargaba de motivarme cada mañana.

Un día de esos que el amanecer se vuelve lejano, escuché a mi madre decir, que debíamos de salir de Haití, en busca de nuevos horizontes. Y así lo vi llegar, cuando ella puso sus pies en la República Dominicana y nos dijo que nuestras vidas iban a tener cambios, sin tener en cuenta que estos, iban a iniciar directamente en la percepción de mi familia, ya que, sobrepasó mi imaginación; "al pensar que un día pudiese compartir con ellos que saliendo de un mismo vientre no conocí hasta mi adolescencia".

Vivencias inolvidables en lugares inolvidables. Así le llamo, a este recuerdo de donde crecí, y llevo junto a mí. El carisma de un pueblo, que a pesar de su recuerdo, que a veces me lo sirvo como un trago amargo; sigo sumamente agradecida, porque forjó una cualidad en mí, que la llevo conmigo, no solo en mi historia, sino en mi pecho, en mis venas, en mi ser; la humildad.

II.1 ¡Adáptate a cualquier cambio, no resistas a ellos!

Así como muchas familias que prefieren emigrar a otro país en busca de una mejor vida, la mía no fue la excepción. Me tomó por sorpresa y angustia, escuchar que mi abuela tenía que irse de casa, cuando yo, ya tenía paz a su lado. Me rehusé, a todos esos planes que me planteaba mi abuela, aunque en ellos, estaba buscar la mejoría para su salud. Sin embargo, yo no quería volver a experimentar esos maltratos, por lo tanto, le decía que no, una y otra vez.

Un día me sorprendieron sus palabras, ya que me dijo, que no daba ni un paso sin mí. Nunca dudé de su amor, porque este siempre fue muy fuerte. Y ella se entregaba una y otra vez, no dejaba de mostrarme su cariño, aunque el mismo, era para todos sus hijos y nietos. Pero, era imposible que no se notara que tenía una consideración más especial conmigo, debido a la indiferencia que existía de mi madre hacia mí. Entendió que la única protección que yo recibía era la proveniente de ella. Mi abuela me amaba tanto que vendió casi todos sus ganados para no dejarme sola y tener con que sobrevivir en este país. Pero no podía dejar atrás el miedo, de que después de no recibir maltratos, una vez más, podría enfrentarme a ellos.

Así lo recuerdo, yo con trece años, pude ver como el miedo resaltaba en mí, aún por encima de un deseo de superación. Por lo que, como era de esperarse, esos planes de mi abuela, se hicieron realidad. Llegamos a Santo Domingo. Y sin exagerar, desde el día que mi madre me recibió, comencé a tener esos momentos desagradables; llenos de maltratos físico y verbal.

¿Por qué adaptarse a cualquier cambio? No resistas a ellos, porque te pueden llevar hacia el camino del éxito.

Suelen ocurrir muchos cambios en diferentes áreas de nuestra vida. Estas variaciones pueden darse personal, emocional, económico, religioso, laboral, en nuestra forma de pensar y reaccionar ante las adversidades.

Lograr adaptarme a las nuevas circunstancias fue uno de los secretos que me ayudaron a tener éxito y triunfar en la vida. Porque comencé a ver que mi éxito dependía de mí, no de nadie más. Con 15 años quería comer el mundo por delante. Veía cada adversidad como una nueva forma de crear oportunidades, eso me enseñó a abrirme las puertas yo misma.

Confucio en una frase la cual considero vital en este tema decía: **"(Quien pretenda una felicidad y sabiduría constantes, deberá acomodarse a frecuentes cambios)".** Si quieres ser feliz y sabio debes saber que vivirás frecuentes cambios.

II.2 Si suprimes el factor que contribuye a la causa de algo, la causa también será suprimida:

En mi caso, existieron muchos factores que influían contundentemente en mi tristeza; y uno de estos, fue suprimido de manera temporal. Ese factor procedía de la relación caótica que tenía con mi madre, la cual, consistía en distintos tipos de maltratos, que en definitiva se me hacía muy difícil, el poder sobrellevarlos. A veces dentro de tanta turbulencia me ponía recordar cuando no estaba con mi madre, y yo, estaba en Haití, con mi abuela. Sentí tanta paz; aunque se interprete de manera extraña; pero fue muy grato para mí, cerrar los ojos y de una forma u otra tener tranquilidad, por lo menos en mis pensamientos, dejando a un lado el temor de recibir algún tipo de maltrato.

Seguía imaginándome esos momentos, cuando la perspectiva cambió, porque aquella vez, tuve el control de la casa, convirtiéndome así, en la señora, "(siendo una adolescente)"; a pesar de que viviese con mi abuela. A causa de esto, yo no tenía otra opción, porque ella tenía una edad muy avanzada y de paso, estaba enferma. Por dicha razón, no solo pasé a tener el dominio de un hogar, sino que a la vez, a tener el control total de sus tres inmensas fincas, sus bienes, más los quehaceres de la casa, los cuales, los hacía desde muy pequeña; poniendo en duda a muchos la maternidad biológica de mi madre, por la forma en la que ella me trataba; hasta por su abandono. Y a causa, de la falta de protección y cuidado, tuve que enfrentar acoso sexual.

Como era cabeza del hogar, tenía que luchar por levantar, sostener y proveer el sustento de mis dos hermanos más pequeños que estaban en la casa. Comencé a realizar diferentes tipos de trabajos, y a dejar a un lado mis debilidades, a pesar de lo esforzado que fuese, porque solo tenía la responsabilidad de regresar con dinero para proveer sustento.

A partir de estos procesos, empezó a formarse en mí, una cualidad de responsabilidad y liderazgo, que no permitía verme flaquear, puesto que, de esta dependía mi supervivencia y la de mis hermanos más pequeños. Conseguir el medio para darles sustento, ir a la escuela y servir a todos ellos, era una rutina que la hacía con mucho amor. A pesar del cansancio, nunca lo vi como tal, más bien, pensaba en mi abuela, como nos acogió, sin haber sido su obligación.

Nada pasa porque sí, todo es causa o consecuencia de algo, por lo que hay que aprender a perdonar para vivir plenamente. Olvidar cualquier pasado oscuro para ver mejor la claridad del presente. Todo esto me enseñó a administrar, a ser responsable y a cultivar el liderazgo.

¡Convierte las adversidades en oportunidades!

II.3 ¡Nunca te rindas! ¡Sueña siempre, sin sueño no hay triunfo!

¡¿Quién pide a modo de ruego a las personas, que la adopten?!, esa era yo. Siendo ya, una chica con quince años, cargaba las secuelas de irresponsabilidad de mis padres, por lo que pedía constantemente a las personas que hicieran el favor de adoptarme como su hija, (darme un apellido) porque carecía de tantas cosas, inclusive de un papel de identidad. Hasta que mis súplicas fueron escuchadas, cuando una noble señora me acogió, siendo este un canal para que yo pudiese trabajar de una forma más digna y poder pagar mis estudios.

Continué estudiando, esta vez en un Colegio Bíblico, llamado Bethel; localizado en Los Alcarrizos, donde cursé el octavo curso de la primaria. Me enfocaba en dar todo de mí, sin pensar en esos factores limitantes que me rodeaban. Me conformaba con que mis profesores me dijeran: "vas a llegar muy lejos". Siempre estará en mi mente, aquellas felicitaciones por mis calificaciones, que me hizo Olga De Los Santos, quién en aquél entonces, fue directora y profesora de dicho Colegio.

Me vi en la necesidad de buscar recursos. Decidí buscar empleo. Por mi edad, era difícil conseguirlo. No hay sensación que abarque tanto la impotencia, que carecer de recursos, buenas relaciones y la ayuda noble de alguien; es inexplicable. Con quince años, le supliqué a una señora que me ayudara a encontrar un empleo en una casa de familia, era lo más fácil que podía encontrar, ya que la mayoría de las mujeres con quienes me relacionaba en mi comunidad, se dedicaban a ese oficio, debido a su poca preparación académica e incluso, la necesidad, como lo fue en mi caso.

Teniendo el trabajo, hacía todo con sumo cuidado. ¡Caí en gracia!

Pero como la vida no es una línea recta, todo iba muy bien hasta que una hija de la señora de la casa de donde yo trabajaba, que se encontraba en los Estados Unidos, regresara al país. Era de esperarse, lo comprendo. Ella me veía muy niña para hacer los que haceres de la inmensa mansión y de la cocina, a pesar que yo ya dominaba todo. Fue la primera vez que me vi rodeada de tantos lujos. Comencé a sentir hambre de ahorrar. Me decía: "ya no quiero ser pobre". ¡Ser pobre es un castigo en comparación a cómo viven los otros seres humanos con buenos recursos económicos! Yo tenía muchos factores que contribuyeron a que yo estuviera en mucha pobreza, por lo que comencé a concentrarme en como eliminar esos factores. Y un ejemplo vivo de eso, eran mis ojos, ellos brillaban a causa de la felicidad que tenía, porque ya yo había comenzado a reunir dinero suficiente para los útiles escolares, uniformes y casi la suma total de las mensualidades del año escolar.

Mediante este proceso, comencé a pensar de manera frecuente, que lo que me acontecía referente al ámbito académico, no se trataba solo de mis virtudes, sino que, había algo más allá. Empecé a ver las cosas de una forma más espiritual, entendiendo que no existía otra explicación que no fuese que Dios estuviese obrando en mi vida de una forma misteriosa. Él quería sacar un gran potencial en mí, él me estaba preparando para un futuro. Gracias a su intervención divina, estás leyendo este libro y de paso, otros están siendo parte de una fundación, la cual se llama: "Ser Pobre No Es Un Factor Limitante".

Una persona que desde niño ha soñado con lograr un nivel de vida de clase media, porque ha visto que en ese nivel se vive bien, puede proponerse lograr un título universitario como un medio de hacer su sueño realidad, lo cual se convierte en una meta a la que hay que ponerle una fecha.

Lo que viví fue lo que proporcionó la gran fuerza y coraje que hay en mi interior... Tenerme que hacer cargo de todo SOLA, me ha enseñado a ser emprendedora. ¡Recuerda que el ganador no es el más inteligente sino el que más se proyecta! Si el lugar donde te encuentras no te facilita lograr tus sueños debes moverte a otro lugar. ¡Ese es mi lema! No veía ninguna posibilidad para lograr nada; pero no paraba de soñar... Yo convertía las adversidades en oportunidades.

El fin de estas palabras no es a enseñarte a ser como yo, o presumirte mis virtudes, cuando incido tanto en mis carencias. El motivo del mismo es enseñarte que tú puedes salir de ahí de donde estás. A suplicarte que no te rindas.

II.4 ¡Sácale provecho a tu juventud, como si fuera un fondo de inversiones, es la riqueza más grande que tú tienes; pero es efímera!

Me dije que era joven. Si tengo visión y persevero, puedo salir de la pobreza. Comencé a actuar sobre los factores, que son promotores de las causas de esta. Comencé a soñar en grande. Debes visualizar en grande lo que sueñas. Crea una gran imagen en tu mente y que sea clara, no compleja. Si tu meta es comprar una casa, debes imaginar la casa que quieres. La ubicación, la construcción, el estilo, el tamaño. Debes verte en la casa con tu familia celebrando cumpleaños, haciendo comidas con la familia, preparando el patio y el jardín, haciendo barbecue, limpiando el jardín, en fin, viviendo en ella y disfrutándola.

Por lo tanto, todo está en la mente. Atraemos lo que visualiza la misma. Nuestro subconsciente no sabe distinguir la realidad de la fantasía, por lo que creerá que ya tenemos la casa y nos ayudará a conseguirla, generando ideas nuevas que darán luz a la fantasía.

Hacía mucha introspección, con el propósito de que estos análisis internos, me llevarían a pensar en las herramientas necesarias, para así, poder luchar con mi aguijón. Una de las reflexiones que tuve, fue cuando me di cuenta que para yo lograr todo lo que tienen las personas de la casa de donde yo trabajo, tengo que aprender a vivir sin nada. Lograr todo para mí, era tener una casa propia donde se puede vivir dignamente, tener una profesión con la que se pueda trabajar para cubrir todas las necesidades básicas de un ser humano. Y pensé que, una buena forma de comenzar podría ser ahorrando de lo poco que cobraba, comprando sólo lo imprescindible y lo más económico posible.

Yo empecé en comprar la comida en los famosos mercados donde venden todo a buen precio, las ropas y los zapatos en las pacas (ropas y zapatos de segunda mano), usar la **OMSA** (transporte público o del gobierno) con el fin, de solo gastar lo necesario. Así que, de esta forma, comencé ahorrar todo lo que podía.

Comencé así como una meta a corto plazo, sujeto a modificaciones a medida que mis ingresos fueran aumentando. Planificaba tanto mis gastos, que hasta pensaba en el material de los zapatos, con el propósito de que este pudiera durarme. Yo siempre lucía bien. Cuidaba lo poco que tenía, lavaba mi ropa con mucha cautela, las planchaba. Se veían nuevas cada día, nadie se podría imaginar que eran de segunda mano.

Mi cultura de ahorro, por un momento, fue mi sustento, ya que, a los tres meses fui despedida. Me pude abastecer con ese dinero que guardaba en una alcancía por mi minoría de edad. Fue un gran dolor para mí, porque yo era quien cubría mis gastos para ese entonces. Pero a pesar de todo esto, seguía respetando mis palabras, estas se volvieron mi ley. Yo cogí una pequeña pausa para buscar algo mejor. Y así, encontré otro empleo en otra casa de familia. Trabajaba los fines de semana e iba a mi colegio de lunes a viernes, estudiaba en la tanda vespertina. De igual manera, seguía ahorrando, y más aún, cuando no sabes del mañana.

¡Conviértete en un ahorrador compulsivo!

¿Por qué es necesario ahorrar?

Si bien es cierto que el ahorro posibilita materializar los sueños, mediante la costumbre la cual permite organizar los ingresos y priorizar los consumos. El ahorro representa un soporte para atender cualquier emergencia y va a permitir una mejor calidad de vida en el futuro. Ahorrar permitirá estabilidad y le dará la seguridad e independencia financiera que necesita para cumplir sus metas y afrontar imprevistos.

¿Qué es ahorrar?

Ahorro es la acción de ahorrar (guardar dinero para el futuro, reservar parte del gasto ordinario, evitar un gasto o consumo mayor). El ahorro, por lo tanto, es la diferencia que existe en el ingreso disponible y el gasto efectuado. Si una persona gana mil pesos al mes y gasta ochocientos en el mismo periodo, su ahorro será de doscientos pesos. Dicho dinero puede guardarse como resguardo ante gastos imprevistos que puedan ocurrir en el futuro o con el de concretar un gasto mayor (que requiera de más de un mes de ahorros).[3]

En cualquier momento, y especialmente en épocas de crisis, se hace necesario ahorrar, lo que se da en llamar también "apretarse el cinturón". Por ellos, se deben cumplir una serie de consejos que resultan de gran interés tales como los siguientes:

- Es necesario evitar compras impulsivas. Solo hay que adquirir lo que se necesita realmente.

---

3 Autores: Julián Pérez Porto y María Merino. Publicado: 2010. Actualizado: 2013. Definición de: Ahorro (https://definicion.de/ahorro)

- Hay que analizar a fondo los precios de los supermercados para ver cuál es el que ofrece calidad en los productos, pero a la vez en menos costo.

- Hay que tener presente el mercado de segunda mano pues brinda artículos muy interesantes.

- A la hora de comprar ropa se puede optar por empresas al por mayor, que otorgan unos precios más asequibles.

- Reducir gastos innecesarios en el mes.

- Conseguir a tarifa de teléfono móvil que más económica y cubra igualmente las necesidades.

¡Una forma de llegar a la meta es respetando los pactos que hacemos con nosotros mismos!

Se necesita tomar acción para hacer que las metas propuestas se conviertan en una realidad y no basta sólo con tomar una acción, sino que esta debe estar dirigida con un propósito u objetivo bien específico. ¡Actitud y acción!

II.5 ¡Sé un ejemplo en todo lo que hagas; que el entusiasmo y el optimismo sean tus herramientas frente a las más grandes adversidades!

Yo trataba de maquillar mis problemas: saliendo bien linda y limpia de la casa, porque yo me decía que a nadie le gusta lo feo y lo espantoso. De esta manera, podía conseguir muchos amigos, personas que fácilmente me brindaran una sonrisa para regresar feliz a mi casa. Cada amigo nuevo que yo conseguía, me ayudaba a llenar mi vacío. Mi entusiasmo y mi optimismo fueron las herramientas rutinarias para mí.

Yo siempre trataba de mantenerme feliz. Eso me ayudó a ser una estudiante brillante, a pesar de todas las vicisitudes. Yo siempre estaba lista para aportar en lo que fuese necesario y con una calma que superaba cualquier tipo de alboroto que se pudiese presentar. Porque yo había entendido que cuando se nace pobre, ser estudioso es el mayor acto de rebeldía contra el sistema. El saber rompe las cadenas de la esclavitud.

La mayoría de los que logran tener el éxito es porque han tenido metas claras en sus vidas, sin embargo, hay que tener en cuenta que el hecho de trazarse metas en sus vidas no garantiza el éxito a menos que se inicie un plan de acción, el cual ayuda a priorizar las iniciativas más importantes para cumplir con ciertos objetivos y metas, en otras palabras, es un acto "heroico": porque ayuda a convertir nuestros sueños en una realidad.

De nada consiste, mostrarte los distintos tipos de pobreza, si estos, para erradicarlas, no van acompañado de un sueño, un plan y una meta los cuales, debemos de perseguir.

¿Qué es un sueño?

El sueño puede ser algo general y abstracto; más bien, lo traduciría como relativo. Un sueño es una fuerza invisible sobre la cual descansa el deseo y/o la aspiración de triunfar en la vida.

¿Qué es un plan?

Lista de pasos con detalles de tiempo y recursos, utilizados para lograr un objetivo. El plan es lo que hará posible la meta. Sin este, es imposible el compromiso, ya que la persona no sabe hacia dónde dirigirse, puesto que el plan prioriza las iniciativas más importantes para cumplir los objetivos y metas.

¿Qué es una meta?

Es un objetivo que se quiere lograr en un determinado tiempo y espacio. Hay que diferenciar una meta de un sueño. Una meta es una porción del sueño de una persona que la conduce hacia el logro final del sueño.

Al final pude darme cuenta que la vida consiste en algo mucho más allá de cualquier condición que podamos tener, e incluso de esas carencias, por lo que, la esencia de un ser humano radica en lo natural que puede ser consigo mismo, porque nadie llena el vacío de nadie. Nuestra felicidad depende de nosotros mismos, porque nace en nosotros, y esta florece a pesar de las ruinas.

"La felicidad no se hereda, no se posterga, ni se gana; la felicidad es espontánea y se expresa libremente"

Dr. Cristian Francisco Ginecólogo-oncólogo
(Mi profesor durante el pre-internado)

II.6 ¡Toma decisiones siempre, tu vida vale más que los tropiezos, tú decides que hacer con ella!

A la edad de los dieciocho años decidí abandonar la casa de mi madre biológica para vivir con mi tía; Solange, porque ese día recibí uno de los maltratos más grandes después de adolescencia. Mis compañeros del colegio me preguntaban sobre las razones de las marcas de mi cuerpo, yo no quería que se enteraran de mi situación, pues recurría de hechos inventados para contestarles. Siempre fui humilde, tímida, pero con un carácter bien definido. Es algo de naturaleza, con eso nací. Yo le había advertido a mi madre que, a la mayoría de edad, si seguía así, con aquellos maltratos, yo iba a abandonar la casa, sin importarme donde yo tuviera que ir y así fue.

No todo fue agravio físico. Muchas veces llegué a sentir, que las palabras, eran como una daga que traspasaban mi corazón y tenían hasta el rigor de carcomer mi mente. Mi madre me decía que no iba a lograr nada en la vida, que no era nadie y nunca lo sería; más muchas otras palabras que calaron muy profundo en mí, provocando que creciera con una baja autoestima. Me sentía inferior a todo el mundo. Me quedaba callada frente a cualquier tipo de ofensa, pues no sabía defenderme ni contaba con defensa de nadie.

Independientemente de todas sus palabras, estaba muy decidida en mis intenciones. Continué trabajando, estudiando, ahorrando todo lo que podía para poder tener "un futuro asegurado". Empecé a realizar un curso técnico en secretariado ejecutivo en ITEROM, para poder encontrar otro tipo de empleo; porque para muchos trabajar en casa de familia es algo indignante, yo tenía el mismo concepto, hasta me avergonzaba decirlo. Pero me tocó vivir esa realidad y dejaron de importar ciertas cosas, porque mi enfoque era más que todo, supervivencia. Pero por más deseos que tenía por seguir adelante, no fue fácil encontrar un empleo que no fuese en el ámbito doméstico y, al ver que mis ahorros se estaban acabando, no me permitía pensarlo dos veces.

Tenía muy incrustado en mi mente, que la toma de decisiones y el permanecer en ellas, es lo que permitirá un cambio en nuestras vidas y junto a una meta, iremos cada vez más a nuestros sueños. Así que hice diligencias de inscribirme en el Liceo Politécnico Max Henríquez Ureña, con la meta de culminar mis estudios. Tomé el examen de admisión y culminé en el área de contabilidad.

Durante ese tiempo, vivía con mi tía. Hasta que mis hermanos mayores, los cuales nunca conocí hasta la adolescencia, me propusieron vivir con ellos, en un ambiente familiar. Tenía mucho deseo de sentirme querida y protegida, de sentir un hogar; a pesar de que fuéramos de padres distintos. Pero como la vida tenía grandes lecciones que darme, esta no está representada en una de mis mejores decisiones, porque fue uno de los momentos más traumáticos que viví. Llorar, llorar a solas. Lavar mi rostro, ocultar los daños, se volvían siempre una rutina. Y para sacar el dolor que no podían llevarse las lágrimas, no quedó más que escribir, dado como resultado este libro.

¡Convierte las adversidades en oportunidades!

Al comenzar el cuarto de bachillerato, el último año escolar, me enfermé. Duré una semana con cólicos, por lo que iba al baño con frecuencia. No encontré quien se preocupara por mi salud. Dejé el politécnico para trabajar y conseguir dinero para así ir al médico y me inscribí en el mismo liceo, en la tanda nocturna y trabajaba en el día en una casa de familia y estudiaba en la noche. Yo tenía buena preparación académica; pero por mis necesidades yo no podía esperar hasta que me llamaran de una empresa, cosa que tampoco llegó a suceder, por lo que yo tenía que aceptar lo que más fácil apareciera. Meses después, ya yo no tenía el control de mi dinero, porque trabajaba y luego tenía que entregar el dinero a mis dos hermanos mayores por obligación. Cuando decidí hablar seriamente sobre el tema, me echaron de la casa y lo hicieron frente a un señor que iba a la casa a enamorarme. ¿Usted puede entender que significa eso amado lector?

Tiraron mis pertenencias fuera de la casa. Pedí un saco prestado, las recogí una por una. Lo vi como algo tan cruel y no dejaba de cuestionarme la razón por la que yo había sido tratada así. Recogí mis libros. Lloré como nunca antes, porque si era de costumbre para mi llorar, pero ese día me sentía muy impotente, hasta con ganas de quitarme la vida; porque mis hermanos mayores eran mis últimos recursos de refugio familiar.

Las preguntas constantes bombardeaban mi mente: ¿qué yo hice tan grande Dios, que tengo que pagar tanto?, ¿por qué sufrir desde el vientre de mi madre?, ¿cuándo mi madre me quería abortar por qué no me dejaste morir?, me detenía, verdaderamente no paraba de llorar. El dolor era muy inmenso, poco a poco, empecé a sentir desconfianza en todo aquel que me rodeaba.

No entendía los planes de Dios, y por causa del dolor y la desesperación, no dejaba de cuestionarme. ¡Era imposible no dejar se sentirme tan humillada y pisoteada! Me cuestionaba incluso: ¿por qué yo tengo que darle cariño a la gente si nadie me lo da?, ¿por qué yo tengo que amar si nadie me ama?, ¿dónde iré a vivir, si no tengo dinero para alquilar una casa? Mis ojos se abrieron por un momento, con la sensación de tener una idea.

Empecé a sentir calma, mientras una voz me decía: "que fuera a la casa de una señora de la iglesia de tu madre, la cual vive sola y no tiene familia". Obedecí a la voz. Enseguida arrastré mi saco hasta encontrar un motoconcho y me llevó a la casa de la señora. No le conté lo que sucedió, solo le dije que yo vine a hacerle compañía, ya que, siempre está sola. Ella no me creyó para nada, pensaba que era una broma. Me dejó dormir. En la mañana siguiente me preguntó si la broma seguía. Pasaron tres días para ella creerme.

Ella fue a preguntarles a mi madre y a mis tías para enterarse de lo que pasaba. Situación que ellas también desconocían. Para olvidarme por un tiempo de lo vivido en aquel momento, duré varias semanas viviendo allí. Comencé a sentir la necesidad de buscar amigos que me quieran como familia; siempre me sentía sola y no paraba de llorar. Comencé a vivir en depresión; pero mi entusiasmo y optimismo fueron mis mejores antidepresivos.

Naturalmente comencé a meditar. Con un extraño cosquilleo y mal presentimiento de no lograr cumplir mi sueño, me arriesgué a hacerle una promesa a Dios, debido al miedo de no emprender y ejecutar de algún modo el proyecto que yo tenía bien planeado. Recuerdo como ahora, cuando ese día, le hice una oración a Dios, que se terminó por cumplir en PROMESA. Le dije: Dios ve mis necesidades, son muchas. Yo tengo sueños que realizar, y deseo que se cumplan. No cuento con ayuda ni apoyo de nadie. Tú eres mi único sustento. Tengo muchas peticiones, necesito que me las cumplas todas para ser feliz, y si me las cumples, prometo que voy a ser buena con todo el mundo, hasta con el que me hizo mal, siendo así, hoy voy a hacer un borrón y cuenta nueva; aunque me hagan mal. De ahí en adelante, te dejaré la defensa a ti y seguiré mi vida tranquila, porque con mis propias fuerzas ya no puedo más y no quiero pecar quitándome la vida.

Llegó la graduación del cuarto de bachillerato. Mi último año escolar fue en el mismo Liceo Politécnico; pero para el cuarto de bachillerato por asuntos económicos yo había cambiado para el programa PREPARA. (El Programa permite a jóvenes y adultos finalizar su educación básica o cursar el bachillerato, por la modalidad semipresencial o a distancia). Yo era la más joven de todos.

La mayoría tenía que cargar con los hijos, el empleo y sus estudios. Sentí la preocupación de ayudar a mis compañeros, explicándoles las cosas que les hacían un poco difícil de entender, como esas materias ya eran dominadas por mí, ya que fueron impartidas en el tercer año del bachillerato del liceo politécnico; en el cuarto año, solo se centralizan en la modalidad técnica. Me gradué con honores.

La directora me colocó una medalla en el cuello (la única con esa medalla entre todos, en honor a mis méritos académicos como la mejor bachiller del cuarto año del bachillerato); fueron tantas las ganas de gritar la felicidad que yo sentía por dentro, que salí al baño para no hacerlo en pleno acto de ceremonia de graduación, porque también tenía deseo de llorar, aproveché y lloré en el baño. Día inolvidable para mí.

II.7 Si no creías que la fe movía montañas, este es el momento preciso para comenzar a creerlo:

Yo comencé a orar con mucha fe, para adquirir fuerzas. Me sentía peor que una huérfana. Sin padres, hermanos, sin cariño, ni amor de la gente que debería amarme. Yo me decía hubiese sido mejor que estuvieran muertos, así yo iba saber que no tengo que estar pendiente a nada o mejor que yo no estuviera más en la tierra, ya que mi vida no valía la pena.

Yo no entendía muy bien el concepto de la depresión, después de comenzar a estudiar medicina fui entendiendo mejor lo que pasaba conmigo. Fue en momentos así donde el mecanismo de acción de mis antidepresivos por excelencia, y los cuales son el entusiasmo y el optimismo, jugaban el papel más crucial en mi vida y los efectos eran muy notables.

A veces la fantasía es mejor que conocer la realidad... Las mismas personas que me hacían mal tuvieron que necesitarme en sus momentos difíciles. Una voz me decía: "déjalos que se mueran", otra voz me decía: "dale a todo el que te pide siempre, en cuanto esté a tu alcance, porque te lo multiplicaré". Lo hacía con mucho rencor porque mi corazón no había sido sanado, sin embargo, esa voz no cesaba en hablarme. Yo la obedecía. A partir de ese momento me nació el sentimiento de ayudar a otros que se encuentran en situaciones iguales o peores a las mías, eso me ayudaba liberar cualquier tipo de dolor. Comencé a hacer nuevos amigos y a sentir una reducción del vacío que sentía.

Tenía depresión y no lo sabía:

Por más ánimos que intentaba darme, llenarme de optimismo y entusiasmo, en esos momentos no me impedían la sensación de tristeza, los pensamientos no querer seguir viviendo y el rechazo a todos. Pasé por la etapa depresiva, la cual, no solo la he pasado yo, sino que, hoy día afecta a millones de personas, de una forma tan vil que es causante de innumerables muertes. Porque muchos desconocen las fases iniciales de la depresión por ignorancia, y juzgan al que la padece en estas fases e incluso llamándolo "manipulador". La tristeza y la melancolía son dos sentimientos presentes en algún momento de la vida de todas las personas, al igual que la alegría y el placer. Los dos primeros no son en sí patológicos, pero en algunas ocasiones pueden llegar a serlo para ciertas personas. Cuando el estado de ánimo de un individuo en un determinado momento de su vida sufre sentimientos severos y prolongados de tristeza o síntomas relacionados que afectan a su capacidad para relacionarse con otros, trabajar o afrontar el día, la tristeza se convierte en una enfermedad, que se conoce como depresión.

Algunos factores contribuyentes pueden ser:

- La falta del vínculo materno y paterno.

- Momento o situación difícil.

- La necesidad de querer algo o alguien y pensar que no vas a poder obtenerlo (ansiedad), entre otros.

Causas:

Las causas de la depresión son variadas, pero la bioquímica puede ayudar a explicar algunos casos. Las personas deprimidas muestran niveles muy altos de cortisol (una hormona) y de varios agentes químicos que actúan en el cerebro, como los neurotransmisores serotonina, dopamina y noradrenalina. Estos niveles pueden estar elevados por motivos hereditarios. Explicaciones dadas al origen familiar de la depresión, hacen énfasis en lo que los niños perciben una visión triste del mundo por el comportamiento de sus padres, o crecer en un ambiente que no es totalmente enriquecedor.

Respecto a la depresión que no está causada por motivos familiares. Las pérdidas emocionales muy profundas pueden causar cambios bioquímicos que impulsen la depresión. Estos cambios pueden provocar la enfermedad no de una forma inmediata, sino más adelante. Existen factores que la favorecen, como la pérdida de un trabajo, o la falta de capacidad de adaptación a determinados cambios.

La depresión tiene distintos síntomas, estos pueden ser:

- Estado de ánimo depresivo la mayor parte del día según lo indica el propio sujeto o la observación realizada por otros.

- En los niños y adolescentes el estado de ánimo puede ser irritable.

- Disminución acusada del interés o de la capacidad para el placer en todas o casi todas las actividades.

- Pérdida importante de peso sin hacer régimen o aumento de peso.

- Insomnio o hipersomnia.

- Agitación o enlentecimiento psicomotores.

- Fatiga o pérdida de energía casi cada día.

- Sentimientos de inutilidad o de culpa excesiva o inapropiada.

- Disminución de la capacidad para pensar o concentrarse, o indecisión.

- Pensamientos recurrentes de muerte, ideación suicida recurrente sin un plan específico o una tentativa de suicidio o un plan específico para suicidarse.

Tratamientos:

El ambiente que rodea a una persona que sufre depresión es fundamental para lograr su rehabilitación. La comprensión y el cariño de los familiares y allegados son importantes, como lo es la paciencia, puesto que la falta de ganas y motivación de los enfermos puede provocar la desesperación. Sugerir y no ordenar actividades, proponer y no imponer conversaciones son apoyos básicos a la terapia impuesta por los profesionales. Uno de los problemas más importantes que presenta este grupo es el abandono de las terapias, por lo que es fundamental inducirle a seguir el tratamiento hasta el final.

Los fármacos antidepresivos pueden ayudar a solucionar este problema.

II.8 Importancia del vínculo madre e hijo:

De todos los lazos familiares el vínculo madre-hija es el más poderoso de todos, comprobado por un estudio estadunidense que trataba de demostrar lo contrario, para la investigación fueron seleccionadas treinta y cinco familias en buena salud: sin trastornos neurológicos o psíquicos, sin antecedentes de consumo de medicamentos fuertes o drogas y sin contraindicación para la resonancia magnética. Los análisis abarcaban las relaciones padre-hija, padre-hijo, madre-hijo y madre-hija.

El propósito del estudio era principalmente entender la causa, y como la depresión y los trastornos del estado de ánimo parecían pasarse entre los miembros de las mismas familias. La conclusión fue que: madres e hijas tienen una anatomía idéntica en la parte del cerebro que gobierna las emociones.

Por lo que las madres abusadas tanto emocional como físicamente, pueden tener un vínculo madre-hija afectado.

El vínculo afectivo comienza desde la vida intrauterina, continua con el amamantar, muestra al bebé como entablar relaciones interpersonales, fomenta la sensación de seguridad y su autoestima. Cada vez que piensas en abortar, inicias interrumpiendo este vínculo, por lo tanto, la autoestima de tu futuro bebé desde antes de nacer.

Después de la primera fase de protección intrauterina, la siguiente fase para fortalecer dicho vínculo es, el primer contacto entre ambos, lo cual desencadena por parte del recién nacido en la madre, cariño y deseo de protección; cuando estas fases son fallidas o interrumpidas, la mayoría de las veces da inicio a la desunión, un enemigo mortal de armonía familiar, de estabilidad emocional, etc.

El primer interés del recién nacido es su madre; la madre y el hijo deben estar preparados instintivamente para establecer una relación intensa.

La clave es la interacción con el bebé mediante contacto físico «piel con piel» que es relajante para el bebé y sus padres como:

- Contacto visual.

- Hablar con el recién nacido.

- Acariciar y acunar al amamantar al bebé.

- Y si hubo malas relaciones entre el padre y la madre durante el embarazo, no ponga al feto o al bebé a pagar por lo que no ocasionó.

La personalidad del bebé comienza a partir de esas vivencias, su autoestima nace a partir de ahí, estas dos son súper importantes para un buen desarrollo interpersonal. Cuando se carece de estos tipos de interacciones mencionadas previamente, se crece con un vacío que no se llena jamás, y es un riesgo clave para el desarrollo del fracaso, futura depresión y carencia de una buena funcionalidad en la sociedad.

Basada en los fundamentos de la investigación comentada anteriormente, para yo estudiar la razón de los maltratos familiares, como es acto más común en familias de escasos recursos, realicé una investigación; para la misma fueron seleccionadas cincuenta familias en buena salud, cuyo prototipo, fue mi familia.

Los criterios de inclusión fueron: padres y madres de unión libre con hijos, madres solteras con hijos de bajos recursos, en sectores donde predominan muchos factores sociales que influyen en la permanencia de la pobreza. Sin trastornos neurológicos o psíquicos, sin antecedentes de consumo de medicamentos fuertes o drogas.

Los criterios de exclusión fueron:

- Padres y madres unidos legalmente, que aunque residen en sectores con muchos factores que influyen en la pobreza, cuentan con buenos recursos económicos.

- Residentes de sectores de bajos recursos que no han recibido maltrato familiar.

- Residentes de sectores de bajos recursos profesionales.

Los análisis abarcaban las relaciones padre-hija, padre-hijo, madre-hijo, madre-hija y hermanos.

El propósito de la investigación era principalmente, entender porque los padres maltrataban a sus hijos, los hermanos mayores maltrataban también a sus hermanos menores y como los factores que favorecen a la pobreza influían en dichos maltratos.

Según los resultados encontrados: el noventa porciento de los padres que maltratan a sus hijos, confirman que también fueron maltratados por sus familiares y los hermanos que maltratan a sus hermanos también fueron maltratados primero, y se desahogan con sus hermanos más pequeños. El setenta porciento explican que muchas malas vivencias se deben a la influencia de los factores de la pobreza.

Los resultados de mi investigación me han enseñado a dar todo lo que nunca recibí para sanar mi dolor, para no crear una familia violenta más en la sociedad; y es una recomendación para ti.

II.9 Siempre fomente sobre educar, es la clave del éxito:

Si te encuentras con un joven en la calle que te dice que no ha logrado su sueño por tener bajos recursos, por favor dile: "Ser Pobre No Es Un Factor Limitante", si no ha logrado su sueño, es porque nunca ha tenido alguno.

Comencé a ver la vida diferente al estar rodeada de gente profesional. Este entorno social comenzó a influir en mi vida de manera muy positiva. El haber obtenido una medalla como la mejor bachiller de aquel año, me hizo comenzar a creer en mí. Intenté no volver a tomar los trabajos en las casas de familias. Yo me inscribí en un curso de belleza en la academia de belleza Járiko Jaspe, ubicado en la Zona Colonial. Me gradué como estilista en el año 2011. Hice la pasantía en el salón de belleza Esperanza, ubicado en el tercer nivel de la plaza Central del ensanche Piantini, donde a la vez fui empleada.

Hasta que, por fin llegó el momento más esperado. El momento de ingresar a la universidad. El objetivo de ser una profesional ya no era el mismo, o sea, ya no era por curiosidad de saber que era estar en una universidad, sino, para ganar el respeto y la importancia que yo buscaba de mi familia. Debido a los rechazos familiares, me dije: llegar a ser profesional podría ser un gran fundamento para ganarme la veneración de mi familia ya que, el amor y el cariño era inalcanzable. "Convierte las adversidades en oportunidades".

Yo tenía miedo de estudiar en la Universidad Autónoma de Santo Domingo debido a las huelgas cotidianas que acontecían en ella, descripciones temibles de ciertos estudiantes a algunos profesores y por los horarios un poco cuestarriba que dificultan estar empleado y estudiar a la vez. Yo pensé en carreras que podrían aportar altos estatus, para así tener la importancia que mi familia nunca me dio. Tenía como opción la carrera de: medicina, ingeniería civil, turismo y derecho. La mejor universidad en República Dominicana, para una persona de pocos recursos que elija estudiar una de esas cuatro carreras con excelente preparación, es la Universidad Autónoma de Santo Domingo y se abre a un camino de oportunidades. Yo tenía miedo de estudiar ahí, por los comentarios existentes sobre problemáticas y protestas de los estudiantes y profesores, pero a pesar de todo, me enseñó a defenderme sola, cosas que me hacían falta.

El horario de mi trabajo, dificultó mi ingreso a la UASD, así que, entré a la Universidad del Caribe, a estudiar una Licenciatura en Lenguas Modernas, que ni siquiera formó parte de mis opciones de carrera, pero como parecía ser difícil según mi punto de vista, estudiar lo que yo quería y donde yo quería, por mi empleo elegí algo fácil. Además, muchas personas me aconsejaban a no estudiar una carrera como medicina, que no es para pobres, los que aspiran estudiar esta carrera deben de tener buenos recursos económicos.

Comencé la carrera de Lenguas Modernas, todas mis notas eran A, sin embargo, no me sentía cómoda en la misma. Decidí cambiar, cambié a administración de empresas que es otra carrera que, aunque sea de forma innata todo ser humano debe poseer. Y finalmente yo cambié esta última por contabilidad. Duré aproximadamente dos años con esa inestabilidad. Hasta que yo me dije: no puedes seguir así, ese personaje no es tuyo, siempre has sido firme, ¿qué te pasa? Me contesté, y me dije: claro, no estás haciendo lo que realmente amas, eso es lo que pasa. Haz lo que amas y estarás estable. Yo me dije: debes creer más en ti y no en la aprobación de los demás.

Yo pensé en dejar el empleo del salón, este tipo de empleo demanda estar parado el día completo, y no obstante eso, tras su horario irregular, más el cansancio, al finalizar debía ir a la universidad. Yo duré un pequeño tiempo desempleada. Preparé cincuenta currículums, los deposité en varias empresas desde Los Alcarrizos donde yo vivía en aquel entonces hasta la calle San Antón, de la zona industrial de Herrera en un mismo día y me quedé esperando que me llamaran desde una de las tantas empresas. Lo que nunca ocurrió. Ver a la gente dándote falsas esperanzas de que te van a llamar, es muy triste.

Decidí de nuevo a trabajar en casas de familias, pensé única y exclusivamente realizar el sueño de llegar a ser una profesional, no importara cuales fueran las dificultades, aunque esto tuviese que ver con trabajar en algo que no me agradaba, hasta el último día de la carrera; porque yo percibí que solamente así algún día podría llegar a conseguir un empleo que llegue a cubrir todas mis necesidades.

Me preguntaba, ¿cuál carrera amo más entre medicina, ingeniería civil, turismo y derecho? Yo me decía que el pobre debe estudiar algo de mucho estatus, sin lugar a dudas, pasó por mi mente medicina. Entendiendo que con esa carrera iba a encontrar el lugar que buscaba, e iba estar frente a personas con necesidades de una mano amiga que yo podría ofrecer; pero también, pasó por mi mente hacer ilustre el apellido de mi familia y ser un ejemplo para otros jóvenes.

Me comuniqué con un amigo cercano, que me ayudara a encontrar un empleo donde pudiese tener una mejor entrada económica para así ahorrar para la universidad, porque cambié de carrera y no tenía los recursos para poder costearla. Él me aconsejó que mejor siguiera con la que ya había empezado, ya que, la carrera de medicina requiere de mucha dedicación y de disponibilidad de tiempo. Él y muchas otras personas me dijeron lo mismo y estaban en lo correcto; pero yo no estaba haciendo lo que yo amaba.

Duré dos años perdiendo el tiempo a causa de la inestabilidad que llevaba, ya tenía veinte y un años de edad; después de haberme graduado del bachillerato a la edad de diecinueve años. Comencé a desesperarme. Me decía: "debo volver a la universidad, pero debo estudiar algo que realmente ame". Reflexionando ahí, que lo que más amaba era la medicina, me di cuenta que debía de luchar por mi sueño.

La inscripción en la Universidad Autónoma de Santo Domingo se efectúa dos veces al año y es virtual. Cuando intenté inscribirme por la página, desafortunadamente, ya habían pasado dos días de expiración. Esperé para la próxima inscripción, yo estaba bien pendiente.

Sin embargo, no cesaba en preguntarme, ¿cómo voy a estudiar medicina si esa es una de las carreras más caras?

Fui a la universidad con la mentalidad de tener una idea del proceso; porque yo dije que, aunque pareciera ser imposible esa es la carrera que voy a estudiar y punto.

Al momento de trazar una meta es necesario ser estratégico, buscar asesoría, consultar a expertos en la materia y orientarte de sus consejos. ¡Convierte las adversidades en oportunidades!

Realicé una pequeña encuesta. Recolección de datos:

- ¿Cuál es tu nombre?, ¿cuántos años tienes?, ¿qué estudias?, ¿trabajas?, si la respuesta era que sí, que trabajaba y que estudiaba medicina, le preguntaba que explicara cómo le era posible trabajar y estudiar; porque ese iba a ser mi caso.

-¿Cuáles son tus horarios de estudio?, ¿dónde vives?, si vivía en un lugar lejano le preguntaba como hacía para llegar temprano y a la vez como le era posible tener un horario organizado, para así yo también planificarme, porque me veía con esa perspectiva.

Con esas informaciones vi, que era posible estudiar medicina; pero con un sacrificio enorme. Entonces yo analicé y percibí las dificultades, y me animé a volar hacia la montaña, por más alta que parezca estar, porque, ahí estaba mi sueño.

Regresé a mi casa, pasé el resto del día y la noche pensando como lo iba a hacer. Yo vi que si trabajaba de forma constante y ahorraba lo podría lograr; pero me mencionaron dos partes finales de la carrera donde resulta ser imposible trabajar, las cuales eran: el pre-internado y el internado, con un total de un año y medio sin trabajar. Me planteé que, si trabajaba y ahorraba todo, podía tener los recursos económicos para sustentar mis gastos para el año 2017 al 2019.

¿Qué te quiero hacer entender con eso? ¡Quiero que aprendas a ser estratégico!

¿Qué es la estrategia?

La estrategia es un plan para dirigir un asunto. Esta se compone de una serie de acciones planificadas que ayudan a tomar decisiones y a conseguir los mejores resultados posibles. La estrategia está orientada en alcanzar un objetivo siguiendo una pauta de actuación. La misma comprende una serie de tácticas que son medidas más concretas para conseguir uno o varios objetivos.[4]

¿Qué son los Objetivos estratégicos?

Los objetivos estratégicos son los fines o metas desarrollados a nivel estratégico que una persona u organización pretende alcanzar a largo plazo. Algunas posturas identifican los objetivos estratégicos con los objetivos generales. Están basados en la visión, misión y los valores de esta persona u organización y condicionan las acciones que se llevarán a cabo.

Se pueden identificar varias características de un objetivo estratégico. De una forma amplia, estos objetivos deben ser claros, coherentes, medibles, alcanzables y motivadores.

____

4 Fecha de actualización: 04/04/2017. "Objetivos estratégicos". En: Significados.com. Disponible en: https://www.significados.com/objetivos- estratégicos/ Consultado: 14 de julio de 2019, 04:12 p.m.

La finalidad de los objetivos estratégicos es ofrecer directrices o pautas de actuación encaminadas a la mejora de la actividad y el rendimiento de una organización. Se suelen considerar un paso previo para la elaboración de objetivos operacionales. Este tipo de objetivos determinan la línea de acción, la estrategia y los medios necesarios para alcanzar cumplir la misión respetando la visión establecida.[5]

En lo que llegaba la fecha de iniciar la universidad comencé a trabajar en casas de familia, tenía que amanecer de lunes a sábado, este era uno de los requisitos. Lo necesitaba para ahorrar dinero para la mensualidad de la casa, la comida, el pasaje, gastos de materiales a necesitar y demás. Mientras yo trabajaba en esa casa, me inscribí en dicha universidad. Llegué a pedir permiso varias veces para depositar documentos, examen de admisión y demás, todos los permisos fueron concedidos, pasé el examen. Solicité una beca de estudios, con la ayuda de otra persona, porque yo quería dejar de trabajar para dedicarme solo a estudiar para salir bien preparada, los requisitos eran tener buenas calificaciones, las cuales yo reunía; pero eso no significaba la aprobación inmediata de dicha beca, lo que quiere decir que yo tenía que trabajar hasta algún día recibir la llamada de la aprobación. Me revestí de valor, me llené de ánimos y me dije que tenía que avanzar hacia la meta con o sin lluvia, por tierra o por agua, subiendo el monte o bajando la quebrada.

Si el hombre vive tranquilo, sin impacientarse, tiene tiempo de reflexionar y de recordar. Así, encontrará su

---

5 Fecha de actualización: 04/04/2017. "Objetivos estratégicos". En: Significados.com. Disponible en: https://www.significados.com/objetivos -estrategicos/ Consultado: 14 de julio de 2019, 04:12 p.m.

destino, tal vez. Vivirá contento, quizás. Lo aprendido, no se le olvidará.

La preparación es un proceso que se debe iniciar antes y que debe continuar durante y después, es decir debe ser permanente en la vida de todo el que quiere tener éxito y triunfar. Dicho proceso debe ser voluntario para poder ser disfrutado de lo contrario se convertirá en una esclavitud.

"Lo importante es no impacientarse. Es dejar que lo que tenga que ocurrir, ocurra".

CAPÍTULO III

CONDICIONES PARA ALCANZAR EL ÉXITO

La memoria es una pura trampa: corrige, sutilmente acomoda el pasado en función del presente. Nunca te desesperes en la vida. Organízate. No digas más de lo que te piden, aprende a percibir; todo nos conviene, pero no todo nos es lícito.

Lemas claves que utilicé que quizás pueden servirte para tener éxito:

a) Actitud mental positiva todo el tiempo.

b) Tener y desarrollar sentido de oportunidad.

c) Transformar problemas en oportunidades.

d) Disfrutar lo que se hace.

e) Dedicación y perseverancia.

f) Ser honesto.

g) Medir y administrar los riesgos al tomar decisiones.

h) Tener y crear buenos hábitos personales.

i) Tener fe en Dios y confianza en uno mismo.

j) Tener y desarrollar la capacidad de anticipar los acontecimientos.

k) Preparación adecuada dirigida hacia lo que se desea.

l) Deseo de salir hacia adelante, grandes inquietudes y aspiraciones.

Existen más cualidades, pero estas son las más importantes. Ya que tú estás en una fase importante de este libro puede asociar mis vivencias con la lista anterior para poder entender cómo me salí de la pobreza y quiero que tú también lo logres. Los seres humanos nacemos con muchas cualidades, pero hay otras que tenemos que adquirir o desarrollar, como los hábitos de ser puntual, de estudio, honestidad, respeto, responsabilidad, etc. En todo eso el hogar y la familia juegan un papel muy importante.

Cuando decidí iniciar el proceso, muchas veces yo no tenía nada que comer o muy poco para cubrir todas mis necesidades. La Mazorca pasó a ser una de mis comidas favoritas (mmm como extraño esos mangu, que no tardaba más de 10 minutos para quitar mi hambre), por varias razones; primero, porque era práctica, ya que mi tiempo era muy corto para preparar otra cosa antes de ir a la universidad y llevar parte de ella como almuerzo; segundo, porque es muy nutritivo; y tercero, yo no quise hacer nada indigno para encontrar dinero; porque, aunque me inscribí en la universidad trabajando; tuve que renunciar y hacer malabares con los recursos que tenía ahorrados. Decidí improvisar como mecanismo de supervivencia, porque por nada del mundo iba a abandonar lo que yo ya había comenzado.

III.1 Actitud mental positiva todo el tiempo:

¡Que tu actitud sea una de tus herramientas básicas para llegar al triunfo! El león no es el animal más grande en la selva, lo es el elefante. El león no es el animal más alto, lo es la jirafa. El león no es el animal más inteligente, lo son el conejo y el mono. El león no es el animal más pesado, lo es el hipopótamo. Sin embargo, cuando el león hace acto de presencia, todos los demás animales tienen que huir.

"El león es el líder de la selva por su ACTITUD"

Actitud y acción para el éxito en la vida. ¿Por qué Actitud y Acción? Porque son los factores claves para lograr todo lo que queramos en la vida

¿Qué es la actitud?

La actitud es un procedimiento que conduce a un comportamiento en particular. Es la realización de una intención o propósito.

Según la psicología, la actitud es el comportamiento habitual que se produce en diferentes circunstancias. Las actitudes determinan la vida anímica de cada individuo. Las actitudes están patentadas por las reacciones repetidas de una persona. Este término tiene una aplicación particular en el estudio del carácter, como indicación innata o adquirida, relativamente estable, para sentir y actuar de una manera determinada.[6]

Diferencia entre actitud y aptitud:

Los términos actitud y aptitud generan ciertas confusiones debido a su gran similitud al momento de ser pronunciadas y escritas, pero es de gran relevancia tener conocimiento de que ambos poseen diferentes definiciones.

Aptitud viene del origen latín aptus que significa "capaz para", es la idoneidad que posee un individuo para

---

6 "Actitud". En: Significados.com. Disponible en: https://www.significados.com /actitud/ consultado el 29 de marzo de 2019

ejercer un empleo o cargo y, la capacidad o disposición para el buen desempleo de un negocio o industria. En referencia a los objetos, es la cualidad que hace que sea adecuado para un fin determinado. En cambio, actitud es la voluntad o disposición que posee un individuo para realizar una determinada actividad, también este término hace referencia a la postura del cuerpo humano o animal como fue referido anteriormente.

La acción es la capacidad de transformar nuestra energía en resultados de verdad, es decir, la materialización de nuestra actitud. Una vez que se tiene una meta establecida entonces se debe proceder a crear un plan de acción para lograrla.

Los objetivos determinan nuestras actividades, es decir, actuamos de acuerdo a lo que queremos lograr. El plan de acción para lograr graduarse de la universidad puede consistir en inscribirse en la universidad, que radica en registrarse en una fecha determinada, estudiar fuera de la universidad con dedicación, asistir a las clases, ser puntual, responsable, determina las notas con las que se desea aprobar las asignaturas para ser egresado con honor si así lo desea.

Que tu actitud contribuya a la perpetuación de tu acción, factores claves para mi ingreso a la universidad. Debido al horario de mi trabajo, solo contaba con disponibilidad para estudiar los sábados así que seleccioné 6 materias, siendo de esta forma, yo estaba de manera corrida en la universidad, entrando a las 8:00 a.m. y saliendo a las 10:00 p.m. Comencé a trasnocharme. Ya que, independientemente que a las 10:00 p.m., fuese mi horario de salida, debía de ponerme a estudiar y a realizar mis tareas, porque a partir de esa hora, era que tenía disponibilidad. No me atrevía a decirle a nadie que yo estudiaba medicina, porque yo tenía miedo de fracasar. Pasé todas las materias con excelentes notas. Fue una motivación para seguir.

Como el éxito es la realización gradual de los sueños de una persona, entonces cada vez que se logra una meta, aunque sea pequeña, se está haciendo realidad el sueño que se ha anhelado en la vida. Para una persona que se haya propuesto lograr obtener un título universitario (eso es una meta), que para lograr esto haya ingresado en una universidad (este es su plan) y cada periodo académico que concluye exitosamente es un triunfo pequeño que lo conduce a lograr una meta que a su vez es parte de su gran sueño.

La Actitud Mental Positiva es el primer elemento en la lista de las cualidades necesarias para lograr el éxito duradero en la vida. La actitud mental de una persona determina la manera como esa persona ve la realidad. Napoleón Hill en su libro "Piense y Hágase Rico" dice que el principio de la actitud mental positiva se basa "en creer que toda adversidad trae consigo la semilla de un beneficio igual o mayor que la misma adversidad. Es decir, las adversidades siempre deben ser bienvenidas porque siempre traen beneficios.

La actitud mental positiva te motiva a perseverar; asumir estrategias correctas y a lograr todo lo que desees. Si tú pasas toda tu vida como una pelota de corcho dentro de cuatro paredes, me refiero a estar de un lugar a otro, sin tener algún cambio o un resultado distinto, pues es un desperdicio y la vida no está hecha para ser desperdiciada, sino para ser aprovechada.

Las personas con actitud positiva siempre ven oportunidades donde para otros nunca hay, entienden que nacemos sin problemas por lo tanto lo que otros llaman problemas, las personas con esta cualidad, los ven como escalas de crecimiento.

III.2 Tener y desarrollar sentido de oportunidad:

En comparación a mi primer semestre, el segundo no pude contar con la dicha de tener todas las materias para los sábados. Mis jefes no me permitían interrumpir las horas de trabajo para tomar clase en la universidad y regresar a mi trabajo diariamente. Yo tuve que recurrir a otro empleo, en otra casa de familia, porque es lo único que aparecía inmediatamente. Existen agencias de empleados domésticos, donde pagas una inscripción de membresía para que te ayuden a encontrar empleos. Afortunadamente encontré otro empleo donde me permitían salir a tomar las clases en las horas de la tarde, porque, después del almuerzo y realizar los quehaceres, estaba libre, pero debía volver para así hacer la cena.

Durante el día debía de estar en pie de forma permanente, avanzaba lo más rápido que podía, porque tenía ocho materias, las cuales eran en la tarde. Luego tenía que regresar para la cena de la familia, para así ponerme a realizar mis propios quehaceres. Pasé todas las materias gracias a Dios. Fue una gran motivación para seguir. Trata de ser bueno en todo lo que haces.

Una vez que se tiene una meta establecida, se debe proceder a un plan de acción para lograrla. Los objetivos determinan nuestras actividades, es decir, actuamos de acuerdo con lo queremos lograr. Muchos dicen, las metas dan energía y motivación; pero yo personalmente, creo que hay que tener la motivación y la energía para lograr las metas.

Es necesario hacer una lista de todas las actividades a realizar para lograr una meta, conociendo sus costos. Es necesario tener una agenda para apuntar todo, ayudando a tener una disciplina, se puede resaltar con colores que denoten prioridad. Siempre hacer las tareas el mismo día de ser asignada o al otro día. Un día antes de asistir a la materia de dicha tarea, repasar el contenido de la misma sin presión. Así siempre estará listo o lista para cualquier el examen sin preocupación. Es inevitable realizar una evaluación periódica de la ejecución del plan trazado y la obtención de los resultados con fe de que las metas serán logradas. La meta previa lograda, aumenta considerablemente la motivación para seguir adelante y lanzarse a logar nuevas metas, la cual, poco a poco te llevará a descubrir oportunidades.

III.3 Transformar problemas en oportunidades:

Cada semestre fue distinto, con nuevos retos. Así que el tercer semestre trajo consigo nuevos desencadenantes, pero no motivos para renunciar. Mis jefes me dijeron que no podían continuar conmigo, con el horario que llevaba; entendí, y llevé agradecimiento conmigo, porque fueron muy considerados.

Otro semestre, con un nuevo empleo y nueve materias. Ellos me aceptaron. Como siempre, al principio; pero luego las cosas cambiaban y tenían que cambiar de decisión. Pero lo más importante para mí era avanzar, pues pasé todas las materias, la alegría era muy notable en mi rostro. Terminé el ciclo básico de la carrera, pasé a otro nivel llamado: Pre-médica.

Pre-médica (Premedicina) usualmente abreviado en pre- med. es un término que se utiliza en la carrera de medicina para describir una fase que sigue un estudiante de la carrera de medicina luego de aprobar el ciclo básico de la carrera antes de convertirse en un estudiante de medicina. En sí mismo no es una carrera, sino que se deja en total libertad al alumno para configurar el programa de asignaturas, eso sí, con una serie de materias que resultan ser obligatorias para el acceso a todas las escuelas de medicina. Este grado tiene el objetivo de preparar a un estudiante para superar la "Prueba de Admisión en la Escuela de Medicina". Todo estudiante nuevo de medicina quiere llegar a ese nivel; pero no todos lo logran en el lapso de tiempo acordado por el pensum elaborado por la universidad. El haber logrado ese nivel de acuerdo al pensum de la carrera fue un gran triunfo.

El problema está en que, al asumir y cambiar una realidad, el hombre se apoya en múltiples recursos que posee y uno de ellos es la actitud mental. La actitud mental positiva no ignora ni cambia la realidad, sino, que ayuda a dar una respuesta "proactiva" a las situaciones que se presentan en la realidad, y eso nos conduce a encontrar oportunidades en las adversidades. La actitud mental positiva convierte las derrotas en triunfos y victorias; ayuda a encontrar alternativas; transforma los problemas en oportunidades.

III.4 Disfrutar lo que hace:

Pre-médica, cuarto semestre. Ya acostumbrada a la situación, compraba la mayoría de los materiales de cada semestre por adelantado y los estudiaba antes de comenzar cada semestre, debido a la forma de estudiar que yo tenía. Nunca me faltaba material de estudio para mi carrera, mi inversión estaba concentrada en ella. En algunas materias, las mejores notas de los exámenes eran las mías, como por ejemplo en la materia de Biofísica, de ese semestre, por lo que me ratifiqué que podía lograrlo.

Si estás leyendo con mucha atención puedes notar que los comentarios de las notas más altas eran las mías, no están haciendo referencia a que, yo me creía la mejor, sino a la perseverancia. Eso me hacía sentir cada vez más segura. Pasé todas mis materias, me llenaba de mucha fuerza, por los frutos de mis esfuerzos, y más cuando veía mi nombre en la lista de los estudiantes meritorios de la carrera de medicina en la Federación Estudiantil.

El logro debe ser celebrado y acompañado de reconocimiento contribuye a fortalecer la seguridad en uno mismo. Ayuda a asumir buenos hábitos, sobre todo se refresca el compromiso de tener que seguir hacia delante. Todo eso me llenó de entusiasmo y optimismo, comencé a buscar nuevas formas de aumentar mis ingresos porque todo lo que yo hacía no permitía que mis ahorros crecieran. Muchas veces no tenía dinero ni para comprar comida; porque a medida que yo avanzaba en la carrera mis responsabilidades también aumentaban.

Comencé a emprender pequeños negocios, el primero fue fabricar y vender productos de limpieza para el hogar; con eso mi ingreso cambió. Emprender es un acto del pensamiento planificado y concebido para ser accionado hacia objetivos claros de intencionalidad, es un acto de la acción funcional y creativa de la genialidad humana, hecha por un ser hacedor y realizador. ¡Un ser emprendedor! Un constructor de ideas y sueños. ¡Pero! Para ser convertidos en hechos transformados y plasmados en realidades objetivas, es un acto que obedece a su propio "instinto realizador", presente en todos estos seres, que a su vez, son dotados de una fuerte capacidad motivacional para ir en busca de la concretización de sus ideas y sueño.

III.5 Dedicación y perseverancia:

Último semestre de pre-médica. Fue un día festivo para mí, no solo por culminar otro ciclo, sino por saber que mi calificación en mi sección, de la materia más difícil de premédica (Histología Humana), era la más alta, mi profesor Domingo Hilario me felicitó, me bendijo y me dijo tú vas a llegar lejos, tú eres una gran estudiante. Si yo le hubiese contado mi situación se entristeciera; sin embargo, yo hacía todo con mi frente en alto, yo no creía en que por ser muy pobre habría que sentirse inferior a los demás o por estar pasando por momentos difíciles habría que contar a los demás tus problemas para que te tengan pena con la finalidad de ayudarte o que habría que rendirse cuando no se podía más... "Yo creía en mis esfuerzos".

...Pero eran ya tantos profesores que me decían que yo iba a llegar lejos, que yo misma me preguntaba: - ¿y cuál es el plan conmigo?

La determinación y la perseverancia son ingredientes complementarios para triunfar en la vida. La perseverancia es sinónimo de constancia y firmeza que mostramos en la búsqueda de algo. Mientras se persevera, se debe ser estratégico, y si lo que se ha hecho no da resultado, pues se debe evaluar y considerar la posibilidad de cambiar lo que se está haciendo o la forma que se está haciendo.

Entré a la carrera de medicina diciéndome, lo vas a lograr Abigail Jean, ten fe que tu voluntad es más grande que el sacrificio. Mis compañeros se veían bien relajados y yo siempre estaba ansiosa, nadie entendía mi situación porque yo no solía hablar sobre ella con nadie. A partir de ese momento adquirí un sobrenombre "La Intensa", el primero en llamarme así fue el compañero de carrera y de promoción Dr. Joan Polanco.

III.6 Ser honesto:

Ya con once materias, mi sexto semestre. Sin dudarlo fue uno de los más difíciles para mí, por más que estudiaba, no entendía casi nada, soy bien sincera. Yo estaba muy preocupada, por dos razones: primero, no entendía bien las materias y yo quería ser egresada bien preparada y con honores. Segundo por miedo de llegar al preinternado e internado sin dinero suficiente para continuar; por lo que decidí de buscar otro empleo.

Tenía tres empleos: El primero, lavando y planchando dos días a la semana, de 8:00 a.m. a 4:00 p.m., en el cual le pedí a mi jefa que me permitiera llegar a las 9:00 a.m. y salir a las 3:00 p.m. porque yo tenía clase a las 7:00 a.m. antes de ir al trabajo y a las 4:00 p.m. luego de salir del trabajo. Ella me dijo que era mucho trabajo para tan pocas horas, y yo le dije que no se preocupara por las horas, que yo me esforzaría en hacerlo bien. La actitud mental positiva me lo permitió. El segundo, solo planchando un día a la semana con un horario similar al anterior. Y el tercero, de limpieza un día a la semana, con la misma tanda; más unas once materias que tenían un total de veinte y ocho créditos. En muchas noches de trasnochada, sentía que iba a reprobar varías materias, ya que los días no me eran suficientes.

Como estudiante de medicina yo pude percibir que el ritmo de mi sueño no estaba bien. Comencé a sufrir trastornos del sueño. No entendía como obtenía buenas calificaciones, cuando estaba tan degastada. Pero, aun así, no repetí ninguna materia. Pero, claro, si estoy segura del todo el sacrificio que hacía, incluyendo aquel que nunca olvidaré, lo considero el más grande de todos; ya que, duré en una época de Semana Santa, sin dormir. Solo me paraba para ir al baño, en la mesa tenía todo lo que necesitaba.

Aprende a ser oportuno. "Convierte las adversidades en oportunidades".

Yo tenía una competencia interna con los mejores estudiantes de mi promoción. En vez de tener envidia sentía rivalidad y deseos de dar más. Promete alcanzar lo que deseas y planifícate para lograrlo. Comencé a crear sentido de competencia con los mejores estudiantes de la carrera, cuyos nombres reservo por ética profesional. Yo quería tener muchos amigos. Traté de dar lo mejor de mí, como una forma de adquirir amigos. A partir de ahí comencé a tener más amigos de lo esperado, cosas que es bueno siempre. Si quieres tener amigos, ofrece lo mejor de ti, se honesto, empático y responsable.

Al fin al cabo pude entender mejor todo lo que había leído durante el semestre. Eso fue mi salvación. A pesar de todo eso también yo estaba haciendo un curso de inglés por inmersión que es un programa diseñado por el gobierno de lunes a viernes de 6:00 p.m. hasta las 10:00 pm y un curso de francés los domingos de 9:00am a 1:00 p.m. en la escuela de idiomas de la misma universidad el edificio JJ.

Llegaba tarde a todo, el tiempo no me daba; pero yo siempre llegaba con las pilas bien cargadas para todo, yo estudiaba antes de asistir a las clases. Aunque tenía varios trabajos mis ingresos aumentaban de una forma muy lenta, debido a tantos gastos, eso me preocupaba. A partir de ese semestre emprendí un segundo negocio diferente al anterior, se trataba de préstamo de dinero. Eso aumentó mucho mis ingresos, sin embargo, perdí mucho dinero también; porque mucho de mis primeros clientes fueron amigos quienes nunca me pagaron hasta el día de hoy. Pero, nunca discutí con ellos; porque he ganado más que el dinero perdido, que es una carrera.

Llevaba conmigo una frase que leí una vez, que dice: "si no consigues el camino, hazlo". Y seguí con mi negocio, pero ya no con amigos. Yo hice mucha reflexión sobre esta cita bíblica, Jeremías 17:5 ¡Maldito el hombre que confía en el hombre!

A pesar de ser una estudiante de medicina cuando estaba pensando por momentos depresivos, seguí creyendo que el mejor antidepresivo, personalmente era manejar el ánimo haciendo cosas que le ayuden a levantar el mismo, como: ver videos de motivación personal, leer libros de auto-ayuda y de crecimiento personal. Yo comencé a utilizar esas herramientas para ayudarme, pero no veía grandes resultados, a medida que yo duraba más tiempo con los problemas, más me afectaban. No permití que las personas se enteraran de mi situación, tanto así, que no dejaba que mi rostro se viera deprimido. Llegaron momentos donde yo sentía que mis fuerzas ya no podían más, pero si yo no resistía tendría que abandonar la carrera. Busqué ayuda profesional de la Dra. Psicóloga y psiquiatra Altagracia Paulino excelente profesional, y sin lugar a dudas, gracias a su intervención me sentí mejor. "Para triunfar hay que tener optimismo siempre".

III.7 Medir y administrar los riesgos de tomar decisiones:

Séptimo semestre. Nuevamente victorioso, a pesar de tanta adversidad. Me enseñó a ser responsable.

El estudiante es quien crea su ritmo de estudio. Yo quería alcanzar todos los niveles de excelencia en todas las actividades de mi vida. Mi meta era obtener una calificación sobre los noventa puntos, por eso, trabajaba arduamente en eso. Para algunos una calificación de setenta puntos en una materia, es suficiente para pasarla; sin embargo, para mí, es una nota de alguien que nunca estuvo presente.

En este mismo semestre me encontraba en el programa de inglés por inmersión. Existe un programa conocido como "Summer Work/Travel", está en República Dominicana y otros países. Este programa permite conocer más sobre Estados Unidos y compartir su cultura e ideas, proveyendo un empleo y alojamiento durante el verano, el cual cuesta mucho. Para eso el participante debe: hablar inglés, ser estudiante a tiempo completo y estar contratado por una empresa antes de solicitar la visa. El programa tiene un costo alto, esta inversión se puede recuperar luego de haber trabajado durante el tiempo establecido. Después de haber escuchado eso, me interesé en el programa y pude participar gracias al dinero que yo había ahorrado por adelantado, para cubrir mis gastos en el preinternado y el internado cuando llegara esa fase. Muchos me decían que yo tenía mucha suerte, y yo les decía: la suerte es igual a la preparación más la oportunidad.

¿Quieres tener un estilo de vida diferente?

Estudia siempre (edúcate lo más que tú puedas), sé curioso (explora todo lo que no conoces), trabaja siempre (no discrimines ningún tipo de trabajo) y...quieres tener una bella casa, un carro y tener mucho dinero para disfrutar todo lo que quieras, eso tiene un costo. ¡Economiza al máximo!

Tu juventud es tu tesoro, haz de ella una inversión. Tus mejores oportunidades están entre los dieciocho a los cuarenta años de vida. A partir de ahí todas las oportunidades disminuyen.

III.8 Tener y crear buenos hábitos personales:

Mi octavo semestre. En esta ocasión con catorce materias con un total de treinta créditos. Tenía una materia (neuroanatomía) que su peso académico era equivalente a dos materias, porque la tenía con el profesor y neurocirujano Dr. Osvaldo Marte Durán uno de los profesores más preparados para impartir la materia, quien es bastante exigente para la buena preparación del alumno, y con quien aprendí bastante. Sorprendida, durante todo el semestre, ya que, de estar un salón repleto, solo quedé yo. Fui a convencer a mis compañeros. Regresaron dos, hasta que poquito a poco, fuimos más. Estaba tan enfocada de dar todo de mí, que tras ver mi calificación como la más alta, vi que se ha convertido en un logro más. Y no es egocentrismo, es que esas pequeñas cosas son las que me hacían estar más segura y más cerca, que cuando empecé. Otro logro. ¡¡ ¡YUHU!!!

Llega el verano, para el viaje de Summer Work/Travel a Estados Unidos. Verme en un avión fue un sueño. Dios obra siempre de manera correcta. Por improvistos con la persona que iba a firmar mi garantía de regreso a la República Dominicana, mi vuelo se retrasó, teniendo como consecuencia que yo gastara la poca cantidad de dinero, que cargaba conmigo. Pero, sería injusta no apreciar las cosas buenas que la vida nos da. Así que, sin estar en mis planes, el viaje fue pospuesto, cayendo el día de mi cumpleaños, donde a la vez tuve la oportunidad de conocer a una chica, la cual pasó inconvenientes como los míos, pero se convirtió en una bendición durante este trayecto. Gracias a ella tuve la dicha de poder trasladarme desde el aeropuerto J.F. Kennedy de New York a Clementon de New Jersey.

El día siguió dándome sorpresas, porque al llegar a su casa, pude ser parte de una celebración sorpresa para la abuela de la joven, y diciéndole que yo también cumplía años, se volvió más sorprendente, ya que esta celebración sin querer, fue para ambas. Confesándoles que fue la primera vez, o sea, a la edad de veinte y cinco años, que tuve una celebración. Por motivo a esto, me llevaron a pasear a Time Square.

Las experiencias que viví son inolvidables, las cuales me hicieron crecer más en ámbito cultural, intelectual, personal, etc. Luego de retirar el dinero de la inversión en el programa y las ganancias, me emocioné tanto que quise comprar muchos regalos para mis amigos y familiares. Lo único que compré para mí fue: ropas y zapatos formales para que yo pudiera vestirme elegante para impartir clase en la Universidad, porque yo tenía el sueño de llegar a ser monitora de la cátedra de Anatomía Patológica para tener buena base para mi futura especialidad que es oncología. Me había inscrito en la lista de los participantes para el próximo semestre.

¿Por qué menciono esta penúltima frase del párrafo anterior? La menciono para hacerte entender la importancia de cuidar tu imagen. A la gente no le importa lo que le traes, eso lo van a descubrir, a la gente le importa lo que le exhibes, porque esto es lo que impresiona. A la sociedad le interesa en primer lugar tu imagen (primera impresión), en segundo lugar, tus conocimientos (talentos convencibles) y por último todos los valores, si aplicas estas tres últimas tendrás mucho éxito y llegarás muy lejos.

¿Qué significa ser monitor en la Universidad Autónoma de Santo Domingo?

Significa ser miembro del personal Académico de la Universidad, según el artículo 80 del Estatuto Orgánico de la Universidad Autónoma de Santo Domingo, luego de haber pasado por un taller de preparación e impartido docencia, como parte de la preparación.

En vez de entristecerte por haber tenido un pasado triste o feo, recupera lo que perdiste y llénate de felicidad; así tendrás un presente y un futuro feliz. Lleno de emociones y energía positiva. Quise revivir toda mi infancia, en vez de vivir amargada, sin emociones y tratar a los niños mal, opté por recuperarla. Traté de jugar con los niños para entender que parte de mi vida perdí, para reponerla. He llenado un 90%de mi infancia perdida hasta ahora. Si sientes que no viviste alguna etapa de tu vida en vez de crecer con un corazón duro, date la oportunidad de recuperar lo que perdiste, porque total nadie tiene la culpa de tu pasado. Disfruta lo que haces; hazlo con voluntad, y serás feliz siempre.

¡Sé atrevido!

El origen etimológico del término atrevido emana del latín, de "attribuere" que puede traducirse como "hacer algo sin ningún tipo de miedo". Palabra que se forma a partir de la suma de varios componentes:

- El prefijo "ad-", que significa "hacia".

- El sustantivo "tribus".

- El sufijo "-er", que es una terminación que se utiliza para formar verbos.

Cuando se trata de intentar cosas nuevas, ir a lo desconocido, atreverse a marcar la diferencia, etc., te toparás con algunos obstáculos. Entre ellos están los miedos, críticas, envidia y la incomodidad que se siente al salir de tu zona de confort. Sin embargo, los beneficios harán que al final todo valga la pena. La persona común esperará que el momento perfecto llegue, mientras que el atrevido creará la oportunidad para sí mismo y a la hora que él desee. Es así de emocionante.

En otros contextos, se asocia lo atrevido a la valentía, al arrojo o a la intrepidez. Un escritor atrevido puede publicar una novela donde reflexiona sobre un tema tabú que el resto de los autores prefiere evitar para no recibir críticas a nivel social. Si quieres ser atrevido, debes comenzar por dar los siguientes pasos:

Dejar de dudar y realizar algo que te apetezca mucho, algo inesperado.

Es importante que apuestes por conocerte mejor a ti mismo, es decir, tienes que empezar a saber cuáles son tus fortalezas y también tus debilidades.

Debes prepararte para poder conseguir lo que te deseas, mediante el esfuerzo, la constancia, la paciencia, la negociación...

Es importante que, dentro de lo que sea posible, no dudar en asumir los riesgos.

Es esencial que seas consciente de que, en ocasiones, no podrás conseguir el resultado esperado. Sin embargo, eso no quita para que siga siendo atrevido. Asumir las posibles consecuencias, sean o no adversas, es importante.

Debes ser valiente y hacer lo que esté en tus manos para afrontar los miedos e inquietudes que puedas tener. Huir de esos no es la solución, lo mejor es enfrentarte a esos para que dejen de ser debilidades.

Llega el verano. Yo elegí tres materias durante el verano, juntamente al taller de la monitoría. Fue un gran sacrificio; pero yo había calculado que si no seleccionaba esas materias no iba a poder entrar en el ciclo del pre-internado de la carrera para finalizarla en el tiempo que yo diseñé. Por lo que me arriesgué a lo único que iba a tener seguro, que era pasar las materias del verano, porque ahí, mis esfuerzos finalmente los vería calificados. En vez de esperar calificar para la monitoría que no es algo seguro; y eso no significa ser pesimista, sino, tener ideas, ser estratégico y saber crear posibles opciones en la vida. Y así fue, solo tuve éxito con mis materias, porque no quedé electa como monitora. Haber pasado el semestre con éxito fue mi consuelo, así como lo imaginé.

Aunque yo no fui electa como monitora, el haber tenido la valentía de concursar adquiriendo tantos conocimientos, fue otro logro más para mí.

III.9 Preparación adecuada:

Décimo segundo. Para ese entonces, ya había alcanzado un gran nivel de estabilidad económica, luego de haber emprendido en negocios personales. Ya para mi estudiar era un hobbie. Siempre me preocupaba por dominar muy bien todas las materias, por lo que durante las vacaciones yo releía detenidamente los puntos importantes de cada materia que yo había cursado, hasta alcanzar un dominio mayor.

La preparación es una condición necesaria; pero no suficiente para lograr el éxito. La preparación es el ejercicio que se debe realizar antes de que se nos presente una oportunidad. Tiene un inicio, pero no un final, es un compromiso de mejoría y crecimiento continuo; se acompaña de sacrificios y sufrimientos. Las oportunidades se podrán presentar en muchas ocasiones de la vida, pero solo el que se haya preparado podrá aprovecharlas.

Cuando estaba terminando la secundaria tenía una gran preocupación de no poder entrar a la universidad por falta de recursos económicos. Si yo no me hubiese preparado bien, como una buena estudiante, imagínate lo que hubiese sido de mí. Fui reconocida en octavo curso por haber obtenido la calificación más alta en todas las pruebas nacionales, seleccionada en olimpiadas matemáticas en el tercer curso del bachillerato del Liceo Politécnico Max Henríquez Ureña por mis buenas calificaciones, producto de una buena preparación pude obtener una beca para continuar mis estudios universitarios a mitad de la carrera. Mi buena preparación me ha abierto muchas puertas y me las sigue abriendo. Pude ser electa para viajar a Estados Unidos por haber concluido el programa del Idioma Inglés. Pude ser sustituta de profesores de francés por haber estudiado dicho idioma. Conviértete en un estudiante permanente. Una forma de prepararte es una haciendo una lista de lo que tienes que hacer para alcanzar el éxito.

¡Suerte es igual a preparación más oportunidad!

III.10 Deseo de salir hacia delante:

Mi décimo tercer semestre. Volví a seleccionar treinta créditos, junto al taller de la monitoría, con un total de diecisiete materias. ¡Mi último semestre para entrar al ciclo del preinternado! Ya yo estaba 100% segura de que yo lo lograría.

Participé una segunda vez en el programa de Summer Work/Travel.

Mi actual esposo, al cual conocí producto a este viaje; quien trató de convencerme de abandonar mi carrera para comenzar desde cero.

Debido a que la vida es mucho mejor allá, pero mi sueño de ver realizar lo que yo comencé, fue más fuerte para no decidir quedarme.

Nacemos provistos de talentos para triunfar. Descubre el talento que hay en ti. Para lograr lo que queremos, tenemos que vencer a los enemigos de nuestros triunfos tales como: la pereza, la irresponsabilidad, la impuntualidad, la lentitud, la intolerancia, la mentalidad negativa, etc. Estos últimos son nuestros enemigos internos, los cuales son difíciles de identificar. Se pueden presentar en forma de malos hábitos, actitudes o actuaciones reiterativas en nuestras vidas. Si no los identificamos para superarlos, se convertirán en parásitos de nuestros éxitos. Para superar estos enemigos internos se necesita de mucho esfuerzo de voluntad y determinación personal.

CAPÍTULO IV

¡SER CONSTANTE!

Me casé en Estados Unidos de América, fue una gran prueba entre decidir quedarme allá o regresar al país para así seguir con mis estudios. Pero volví, para continuar con el pre-internado de mi carrera, junto con el mismo, tomé veinte y seis créditos. Quería comprobar si realmente se podía salir de la pobreza sin necesidad de realizar cosas indignas, sin robar, sin prostituirse, y a la vez, quise que todo lo escrito en este libro fuera basado en mi experiencia y que la misma, fuese de inspiración para ti.

El Talento, la inteligencia y la no posesión de alguna discapacidad son suficientes para lograr cualquier tipo de triunfo en la vida. Mientras yo estaba montada en una guagua en un tráfico bien difícil, en dirección dirigida hacia el hospital docente Maternidad de la Mujer, ubicado en Zona Universitaria, donde yo hice el ciclo de ginecología y obstetricia durante el pre-internado, comencé a recordar como yo comencé la carrera y eso, me llevó a reírme a carcajadas. Yo estaba sentada al lado de un hombre, otro pasajero, el cual no tardó mucho en preguntarme, ¿por qué estás tan contenta morena?, ¿fue que la pasaste tan bien anoche?, yo solo estaba imaginándome todo lo que he recorrido para llegar hasta aquí, y dije: "¡la pobreza no me impidió realizar mi sueño!".

Ahora si puedo seguir escribiendo mi libro. Y dije: ¿Cuál debe ser el título?, llegando a la conclusión que le gané a la pobreza, la misma podría ser el título perfecto para describir la trayectoria. Ese mismo día yo tenía que dar una conferencia magistral junto a una compañera. Yo me mantuve llamando al doctor encargado, cuyo nombre es Ángel Caputo Antonio, por más de dos semanas para hacer una buena presentación; y además el Dr. iba a ser el jurado de la conferencia. Llegué tarde y la compañera presentó todo sola. Yo me sentía muy mal con lo sucedido, con el ánimo en el piso, y con la preo-cupación de ser sancionada por el Doctor encargado, sin embargo, él me puso una buena calificación, al igual que a mi compañera; porque valoró mis esfuerzos de prepa-rarme, pronunciando con sus palabras, que sabía que yo estaba preparada, aunque no logré demostrárselo. Por coincidencia ese mismo día él comenzó a hablar sobre los libros que ha escrito, enfatizando lo bueno que era el arte de escribir.

Ese día el Dr. ginecólogo, escritor y de otras grandes preparaciones, pronunció mientras impartía las clases, que de nosotros, esperaba futuros escritores. Él pidió que levantara la mano el que ha escrito o tuviera la in-tención de algún día escribir. Y tras, todo lo que había dicho, me dije que Dios estaba hablando conmigo. Le-vanté la mano derecha en seguida, aunque con temor, y coincidencialmente preguntó por el título. Luego de esto, empecé a darle más carácter acostumbrándome a respetar mis palabras.

Me sentía con mucha vergüenza de mi pasado y ja-más pensé publicar mi vida en un libro para ser leído por millones de personas. Pero sentí la necesidad de com-partir mis experiencias con muchos jóvenes que podrían estar en situaciones como las que yo he tenido que en-frentar, para ayudarlos; sin embargo, yo no tuve el valor de hablar sobre mi libro, hasta ese día 27 de noviembre del 2017 durante mi segundo ciclo del pre-internado.

Luego de llegar hasta ahí, decidí crear una fundación donde podrían beneficiarse niños, adolescentes y jóvenes de bajos recursos, es decir, pobreza extrema.

Creé la fundación "Ser Pobre No Es Un Factor Limitante" como producto de mi proceso. A través de dicha fundación, otros niños, adolescentes y jóvenes con la misma situación que yo he vivido, pueden recibir muchas orientaciones y ser rescatados de la misma, hablándoles sobre la importancia de tener educación y no tener hijos antes de tener una base para su futuro, para así poder brindarles a ellos, una mejor calidad de vida. Yo estoy trabajando sin pedir algún recurso, todo es de forma voluntaria y sin nada a cambio. Ya he recibido agradecimiento de varios jóvenes de mi comunidad por las orientaciones, consejos y mi testimonio. Eso me ha llenado de mucha satisfacción.

"Ser Pobre No Es Un Factor Limitante" es una fundación sin fines de lucro. En ella se realizan actividades humanitarias que se fundamentan en el horizonte de la misma. La fundación tiene como:

Objetivos: Lograr rescatar de manera creciente 20% de la juventud que está sumergida en la prostitución, robos y atracos, a través de charlas y conferencias educativas.

Misión: Fomentar la educación.

Visión: Reducir la educación rudimentaria de los más pobres.

"La membresía es gratuita".

A partir de ahí comencé a tener pequeñas conversaciones con jóvenes sobre la importancia de tener un sueño y luchar por el. Muchos dicen que no han logrado sus sueños por falta de recursos. Yo les preguntaba sobre, que llegaron hacer para comenzar a abrir las puertas. Algunos contestaron nada, otros contestaron que habían buscado empleos; pero no aparecían. Otros me miraban de una forma extraña, y preferían no contestarme, yo decía en mi interior, quizás sea porque no es común que alguien hable de temas así con ellos con tanta confianza.

Les comenté sobre lo que tuve que hacer para llegar donde estoy. Me dijeron que hay tipos de empleos que les dan vergüenza. Y les dije, no hay que tener vergüenza de realizar empleos que para otros son humillantes para adquirir recursos, siempre y cuando es de una forma digna. Les conté que yo también tenía mucha vergüenza; pero descubrí que yo me hacía daño con eso.

¡Celebrar los logros como forma de compensar tus esfuerzos!

IV.1 ¿Qué es el logro?

Se denomina logro al alcance de una meta previamente propuesta por una persona o un grupo de personas. Este logro, lejos de ser un mero "golpe de fortuna" (suerte"), necesita que los individuos apliquen acciones acordadas de manera previa, de modo que sean tendientes a facilitar el alcance de la meta.[7]

Por esto, es muy importante que la persona o todas las personas, en el caso de que se trate de un grupo o de un equipo, sepan cual es la meta que se busca alcanzar, la

---

7 "Logro". En: Significados.com. Disponible en: https://www.significados.com /actitud/ consultado el 29 de marzo de 2019

causa de desearla, los objetivos que se concretarán para su alcance.

No debes esperar la aprobación de los demás. No debes esperar contar con un escuadrón para comenzar lo que quieres. Empieza tu solo si no aparece más nadie, al final te caerán atrás para preguntarte como lo lograste...

Yo duré aproximadamente un año y medio aspirando para ser monitora de la cátedra de farmacología. Mis compañeros aspirantes a monitores y yo estuvimos bien atentos esperando el día que dieran los resultados. Hasta que al fin llegó.

Estimado lector, yo sé que estas palabras anteriores le hacen sentir que vienen respuestas positivas; pero no. Yo no resulté ser ganadora; pero adquirí muchos conocimientos que me hicieron crecer más como persona. El estar rodeada de personas muy competitivas me hizo ser más competitiva, y eso fue una ganancia que no se adquiere de la noche a la mañana. Todo es importante en la vida. Gracias a esa gran preparación, me he convertido una gran doctora hoy en día. Le debo más a la cátedra que lo que yo esperaba encontrar en ella. Me enseñó mucho, inclusive a creer más en mí. Actitud mental positiva.

Camino al éxito...

Se me fue todo el miedo de fracasar, comencé a sentir la preocupación de terminar mi libro. Las emociones no cabían en mí ser, porque sentía que Dios ya me había ayudado a lograr todo lo que había conseguido.

He aquí un gran logro a continuación...

Finalización del pre-internado... ¡A celebrarlo, sí a celebrarlo!

El internado, el éxito.

¿Qué es el internado en la carrera de medicina?

El internado de medicina forma parte del plan de estudio que se desarrolla a lo largo de la carrera. Año obligatorio antes de lograr convertirnos en profesionales. Imprescindible para que los alumnos integren y consoliden los conocimientos que adquirieron durante los ciclos previos.

Por haber entrado al internado alguien me ofreció dos opciones de regalo un tablet o un Kindle; pero yo tenía que elegir uno de los dos. Elegí el Kindle (Kindle es un lector de libros electrónicos (e-books), un dispositivo portátil que permite comprar, almacenar y leer libros digitalizados, creado por la tienda virtual Amazon.com.); porque otra forma de vencer la pobreza mental es tener mucha cultura de lectura.

Llega el día más esperado por todos nosotros los estudiantes que hemos terminado el pre-internado. El día de comenzar el internado. Se respiraba ¡gloria! hasta que entramos.

Llegan las malas noches; pero lo hacíamos con mucha entrega. Finalicé mi primer ciclo con una puntuación de noventa y ocho, la más alta calificación en mi bloque del primer ciclo del internado. Le di muchas gracias a Dios por permitirme adquirir tantos conocimientos, de los cuales comencé a encontrar un sentido. Él comenzó a premiar mis esfuerzos para llegar hasta donde yo estoy. Mi internado estuvo conformado por seis ciclos, los cuales yo terminé de forma exitosa.

Después de terminar mi carrera universitaria, comencé a ir a muchas fiestas. Claro debe haber tiempo para todo, y este es uno de ellos, el de celebrar. Tuve tiempo para mí, el cual utilicé para recrearme e incluso, aprender a nadar y a bailar. Hay tiempo para todo, se debe rechazar muchas cosas para concentrarse en una, cuando es necesario. Somos lo que hablamos, solo expresa lo que quieres que ser, porque te conocerán por tu comportamiento y tus expresiones.

Te voy a dejar este consejo y quiero que te lo graves en la mente para que nunca te deprimas. Ten pendiente que los amigos malos también son buenos. Esos que te engañan y te roban la confianza, inconscientemente te están dando clase de sensatez y no lo notan. No los despojes de ti completamente, tus clases de filosofía de la vida vienen de ellos, no de tus mejores amigos. Y quien te odia es porque un día intentó ser como tú y no pudo.

Yo terminé el internado el viernes veinte y dos del mes de marzo del año 2019. A la semana siguiente, el día lunes primero de abril del mismo año tras terminar el internado quise comprobar si iba ser lo mismo, al buscar empleo y no encontrar. Ese día fui a buscar empleo, recibiendo la llamada al día siguiente. (Gracias a ese empleo, hoy día lees este libro).

Mis herramientas utilizadas para obtener el empleo fueron los siguientes: Una buena imagen, mis conocimientos y mis talentos. Mientras yo editaba mi libro fui compartiendo algunas ideas con mis nuevos compañeros de trabajo en Data Vimenca de Santo Domingo, le hablé sobre mi nuevo libro, por ser el título muy controversial generó muchas curiosidades, no tardaron en preguntar la razón del título, y yo naturalmente les expliqué. Un compañero agrega "la pobreza es un reto", me gustó esta expresión, y yo dije: ¡ohhhhh, pero yo no me dejé retar por ella! ¡Tú puedes decir lo mismo!

Yo me exploté de la risa... Al ver cómo se puede cambiar de estilo de vida a partir de nada.

IV.2 ¿Qué es el éxito?

El término éxito proviene del latín exítus, que significa «salida», de ahí se determina que este se refiere al resultado final y satisfactorio de una tarea. Si bien es cierto que el contexto del éxito se basa en el triunfo obtenido en una circunstancia, no necesariamente tiene que ser absoluta. Se considera éxito una acción a la que se le vio resultados positivos, más no que sea una contienda que haya superado las expectativas. El mismo se obtiene a partir de la buena gestión y organización de las actividades a realizar, a fin de que nos encontremos con los resultados esperados o aproximados. [8]

Para Alex Dey, el éxito es la realización progresiva de aquellos sueños incubados desde la niñez. Para Camilo Cruz el éxito es el camino liso y no es el fin. Mientras para John C. Maxwell, el éxito es un camino que atraviesa un terreno que se llama fracaso.

El sentido subjetivo y relativo del éxito conlleva a la resolución de los objetivos, a la cercanía de los mismos o un avance en el camino por llegar al punto en concreto, todo dependerá de la calidad y entusiasmo con el que se realicen las cosas, por ejemplo: si un equipo con limitaciones llega a la meta entre los primeros lugares, se le considera todo un éxito, ya que, las expectativas rela-

---

8 "Éxito". En: Significados.com. Disponible en: https://www.significados.com /actitud/ consultado el 29 de marzo de 2019

tivas que el equipo tuvo en un principio basándose en la calidad de los instrumentos o servicio humano fueron superadas.[9]

He aquí el éxito el resultado final y satisfactorio de una ardua tarea... ¡Poco a poco fui deduciendo la razón por la que Dios me permitió vivir todos esos procesos los cuales he intentado plasmar en estas líneas!

El miércoles veinte y cuatro de abril presenté mi tesis titulada: "Valoración de la Escala de Coma de Glasgow al ingreso y a la alta médica en pacientes con hematoma epidural", otro día inolvidable para mí.

La fe mueve montañas. Todo lo que te propones lo puedes lograr, solo debes pensarlo. No importa lo grande que parezca ser, piensa, piensa y piensa. Convierte adversidades en oportunidades. El éxito duradero se construye a partir de pequeñas victorias que se obtienen en el día a día, por lo que hay que desarrollar el hábito de ganar y salir victorioso en todo lo que se hace, no importa lo pequeño e insignificante que parezca ser. Hay que sentirse victorioso para ser victorioso, porque, al fin y al cabo, el éxito es un estado mental al igual que el fracaso.

Si tú quieres triunfar, yo te recomiendo que sigas las recomendaciones al finalizar la lectura de este libro, porque las mismas son el resultado de mis experiencias para obtener este nivel de superación personal, que tú también puedes obtener.

Lo que hay en el ayer o en el mañana no es nada comparado con lo que hay en nuestro interior. Haz lo que tengas en tus manos, con tus recursos disponibles, en el

---

9 "Éxito". En: Significados.com. Disponible en: https://www.significados.com /actitud/ consultado el 29 de marzo de 2019

lugar que te encuentres. El 90% del éxito se basa en el esfuerzo. El 100% de los intentos que no pones en marcha, los pierdes. ¿Crees que puedes hacer algo?, ¿crees que no puedes? En cualquier caso, estás en lo cierto.

¡Nada puede más, que tu voluntad!
Dra. Abigail Jean

Compañeros de sustentación de Tesis de grado

Tesis calificada con una puntuación de 96, todo fue gracias a los colaboradores Doctores Víctor Restituyo y Stephanie Castillo, compañeros de la carrera. Fueron 96 razones para decir ¡Sí, SE PUEDE!

FIN a la carrera.

¡Rencor!

¿Qué es el rencor?

El rencor es el resentimiento que persiste en el tiempo. La persona que evidencia rencor hacia otra suele ser calificada rencorosa. Es posible asociar el rencor a un enojo que se mantiene a medida que pasa el tiempo. Al experimentar rencor, el sujeto aun no le ha perdonado a aquel que le provocó el disgusto o la irritación.

De este modo, cada vez que aparezca algo que lo lleve a pensar en la situación que motivo su enojo, sentirá rencor y actuará en consecuencia del mismo. Este se considera como un sentimiento poco saludable para quien lo siente en su interior, pues le puede llevar al odio, a querer vengarse y a hacer que toda su vida gire en torno a ese sentimiento. Por eso, aquí te aconsejo con pautas precisas para enseñarte cómo actuar ante esta situación que intentar acabar con nosotros.

¿Cómo lidiar y expulsar el rencor?

Poniendo en práctica una serie de consejos, como estos:

- Darse cuenta que teniendo rencor solo se sufre y se está provocando un dolor a sí mismo.

- Hay que desahogarse, expresarse para poder "liberarse". Y eso es algo que puedes hacer escribiendo (así surgió este libro), contándoselo a alguien con quien te sientas en confianza, incluso acudiendo a una cita con el psicólogo.

- Es necesario que la persona que sienta rencor decida ponerle un punto y final, dándole vuelta a la página, no volviendo a pensar en el pasado y solo mirando hacia adelante.

- Es importante también que ese individuo tome conciencia de que tiene que ser "egoísta" y pensar en su bienestar, lo que le llevará a darse cuenta que lo que siente no le hace bien; es un daño y un gasto de energía innecesario.

Reconocimiento

¿Qué es la palabra Reconocimiento?

En el sentido amplio de la palabra reconocimiento es la acción y efecto de reconocer algo, a alguien, a los otros o de reconocerse a sí mismo.

También sirve para expresar la gratitud que se experimenta como consecuencia de algún favor o beneficio, es decir, agradecimiento.

El acto y resultado de agradecer se denomina agradecimiento. Quien agradece, expresa su gratitud: la valoración que se tiene hacia aquel que realiza un favor o que presta ayuda; un sentimiento que generalmente lleva a tratar de devolver, de alguna forma, la colaboración recibida.

El agradecimiento surge a partir de la recepción de algún tipo de beneficio. Al entender que dicha gracia es facilitada o promovida por otra persona, suele nacer en el sujeto el sentimiento de gratitud hacia aquel que le presto su colaboración. Incluso es posible sentirse agradecido con una divinidad.

El agradecimiento puede expresarse con palabras, mediante algún gesto o incluso con obsequios. Puede entenderse el agradecimiento como una especie de deuda que la persona siente que contrae con aquel que le presta colaboración. En ocasiones, dicha deuda puede "saldarse" con unas simples palabras en el momento, mientras que en otros casos el individuo considera que debe agradecer con un bien material o, como se aprecia en el ejemplo anterior, con dinero.

Reconocí a casi todas las personas que me ayudaron a llegar hasta aquí, desde mi madre biológica a pesar de todo; porque si existo es porque ella me trajo al mundo; a mi madre adoptiva, y cada ser humano (fueron muchos), que de una forma u otra hizo posible mi sueño. Mi cuenta de ahorro quedó en cero, tuve que buscar un empleo en un Call Center para poder recuperar todo lo que gasté y poder tener los recursos para imprimir este libro que estás leyendo.

Compañeros de carrera promoción del 14 de junio 2019

Compañeros de carrera promoción del 14 de junio 2019

Antes de graduarme ya tenía mis documentos listos para comenzar mi pasantía. En pleno momento de tomarme una foto con algunos compañeros sonó mi teléfono a las 4:50 p.m. ¡Osea, 10 minutos antes de la graduación recibo una llamada del Servicio Nacional de Salud, para la designación de la **pasantía Médica de ley 146-67**!

Llegó el momento de la graduación. Yo estaba muy emocionada, no sabía dónde ponerme. Estaba tan feliz que sentía que eso no cabía en mí ser, traté de alcanzar a muchos compañeros para tomarnos fotos de recuerdos, ya que, podría ser la última vez que nos viéramos.

El viernes 14 de junio del 2019 recibí el título de doctora en Medicina, graduada con honores por mis esfuerzos para erradicar mi pobreza, suficientes razones para celebrar y darle fin a la historia. Dra. Abigail Jean Cum Laude... ¡A sus órdenes siempre!

Mientras yo escribía estas líneas me vestía con tanta alegría para ir a retirar mi título en el gran esperadísimo día. No pude poner una buena atención a la actividad porque cada vez que intentaba concentrarme mi mente viajaba en el pasado, yo trataba de aterrizarla; pero no cooperaba conmigo. Cuando escuché estas palabras de la Dra. Melissa Rafaela Jiménez Alcántara la cual fue egresada Magna Cum Laude de la promoción de la Carrera **"los únicos límites que existen son los autoimpuestos"** amé estas palabras y las he hecho mías desde entonces, mientras mi cerebro regresaba de su viaje en el pasado.

El pobre que no estudia, es preso y los que no se arriesgan no conocen a la esperanza de algún día ganar...

A cada tarea importante asígnale un premio o reconocimiento, los mismos tienes que otorgarte, si logras cumplir la tarea. Regálate cuando cumples una meta. El premio debe ser proporcional a la importancia y debe ser algo que puedas cumplirte.

Me prometí realizar una fiesta si llegaba a concluir mi carrera y todo pago por mí, sin aporte de ningún invitado, y todo fue así; la ceremonia de la graduación fue celebrada en el prestigioso restaurante: "Asao By Cabral Parrillada", ubicado en la avenida Independencia Gascue detrás del hotel Jaragua, excelente lugar, excelente servicio.

No creo que después de ser una doctora y escritora de un libro puedo seguir siendo parte de la pobreza extrema. Sin necesidad de vender mi cuerpo, hacer cosas indebidas, pude cumplir mi sueño.

¡Este libro es una broma a la pobreza, jajajajaj!, ¡ríe conmigo!, actitud mental positiva.

No te dejes retar, **"Ser Pobre No Es Un Factor Limitante"** para tu lograr tus sueños, la llave está en tus pensamientos; si puedes pensar, puedes actuar.

¿Pudiste notar que se hace para alcanzar un estilo de vida diferente? - **Sí**

¿Y Qué notaste? -**Yo noté, que Convertiste las adversidades en oportunidades.**

Yo sé que pregunto mucho....

...Otra pregunta para ti.

¿Qué estás haciendo para lograrlo?

Este espacio en blanco a continuación es para ti, para comenzar tu historia ahí, escribiendo lo que vas a hacer a partir de hoy para lograrlo.

19 de agosto de 2019 día de los médicos. Acompañada de la Dra. Elsa Betania Moreno Colón Gerente de Emergencias del Hospital Docente Francisco Moscoso Puello, Dr. Franklin Gómez coordinador de operativo de los servicios médicos especializados en el Servicio Regional de Salud Metropolitano, Dra. Raquel Pineda asistente de operativo de los servicios médicos especializados en el Servicio Regional de Salud Metropolitano entre otros Doctores y yo, Dra. Abigail Jean Médico General del Hospital Docente Francisco Moscoso Puello.

EPÍLOGO:
A MODO DE CONCLUSIÓN Y RECOMENDACIONES

No quiero que ninguna persona después de leer este libro piense, que por el hecho de ser pobre el éxito no sea para él o ella. Según mi experiencia personal hay diez elementos claves que pueden permitir que estés siempre motivado en la vida y te las recomiendo a continuación para concluir:

1. ¡Debes tener un sueño! Un sueño al que te aferras tanto, que te lleve a estar listo para cualquier sacrificio para realizarlo. Yo estoy llena de sueños para eso preparo mi presente, siempre activa y alerta sin miedo a emprender.

2. ¡Oye y no escuches! Pon en tu cabeza: "yo prefiero jugar con mi sueño, en vez de escuchar a alguien que me haga abandonarlo". No siempre los consejos de otros son convenientes.

3. ¡Haga un plan de acción! Síguela al pie de la letra. ¡No improvises! (Nunca debes desesperarte).

4. ¡Actitud positiva! No importan las dificultades. Ten siempre historias bellas que contar, son las dificultades vividas que las van a embellecer. (Te harán convertirte en un ser único).

5. ¡Tener alguien de modelo en tu vida! Esa persona que haya vivido situaciones similares a las tuyas o hasta peores, que te enseñe a superarte. (La artista dominicana Isabelle Valdez es mi modelo, la vida de ella y la mía se parecen mucho, tanto intrauterina como extrauterina, sus historias me enseñan a perdonarme, perdonar a otros y amar sobre todas las cosas).

6. ¡Cree en ti! Recuérdate todos los días, yo puedo y lo voy a hacer. La mayoría de las decisiones que he tomado han sido haciéndome creer que soy más que lo que la gente ve, sé que la gente piensa que eso no se parece a mí y no poseo las cualidades; pero quiero sorprender, y eso me hace crecer, porque llego a descubrir potenciales que yo misma desconocía que los poseía y el estar entre personas competentes me enseña ser más competitiva.

7. ¡Evita pararte en el camino! Desde que arranques no debe haber vuelta hacia atrás. (Los grandes exitosos entendieron ese punto).

8. ¡Evitar compararte con los demás! Cada quien diseña un camino para llegar. Lo esencial es que llegues. Cada quien tiene sus virtudes que las distingue de los demás, y obviamente los recursos y las relaciones de esas personas no son tuyas, debes crear las tuyas, si no las tienes.

9. ¡Debes aprender que todo en la vida tiene un precio! (Soporte todo lo que venga, que la fuerza de su voluntad sea mayor que el precio que tenga que pagar).

10. ¡Nunca olvidar tener un equilibrio espiritual! No importa en lo que quieras creer. Yo creo en Dios, es mi soporte. Muchas veces las motivaciones personales no serán suficientes para alcanzar las montañas más altas, para eso necesitarás apoyo supremo.

Haz lo que te hace feliz, y rodéate de quien te hace feliz, es parte de la medicina del alma y del espíritu. Dra. Abigail Jean. **Foto tomada por mi mejor amiga, Dra. Hannah Jeyakkodi.**

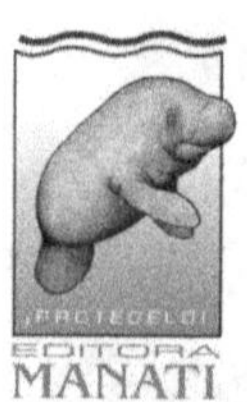

Este libro **"Le Gané a la Pobreza"** 2da. Edición
de la Dra. Abigail Jean se terminó de imprimir
en el mes de febrero del 2020
en los talleres gráficos de Editora Manatí,
Santo Domingo, República Dominicana

www.ingramcontent.com/pod-product-compliance
Lightning Source LLC
Chambersburg PA
CBHW070541160726
48003CB00004B/1824